ISRAEL ERLEBEN

Entwurf: Erwin Spatz

Text: Victor Malka

Übersetzung: Werner von Grünau

€B Verlag der Europäischen Bücherei
H. M. Hieronimi · Bonn

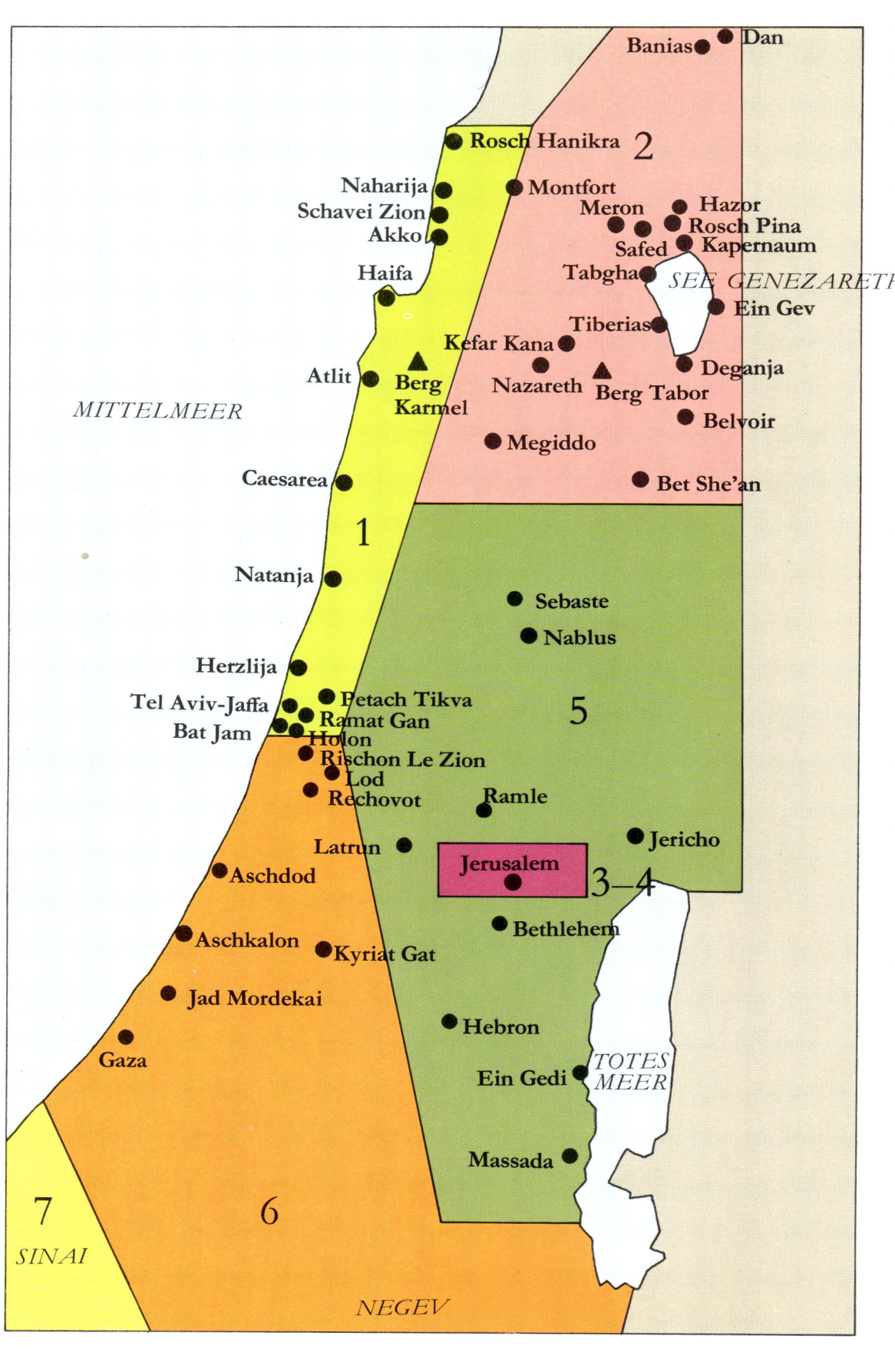

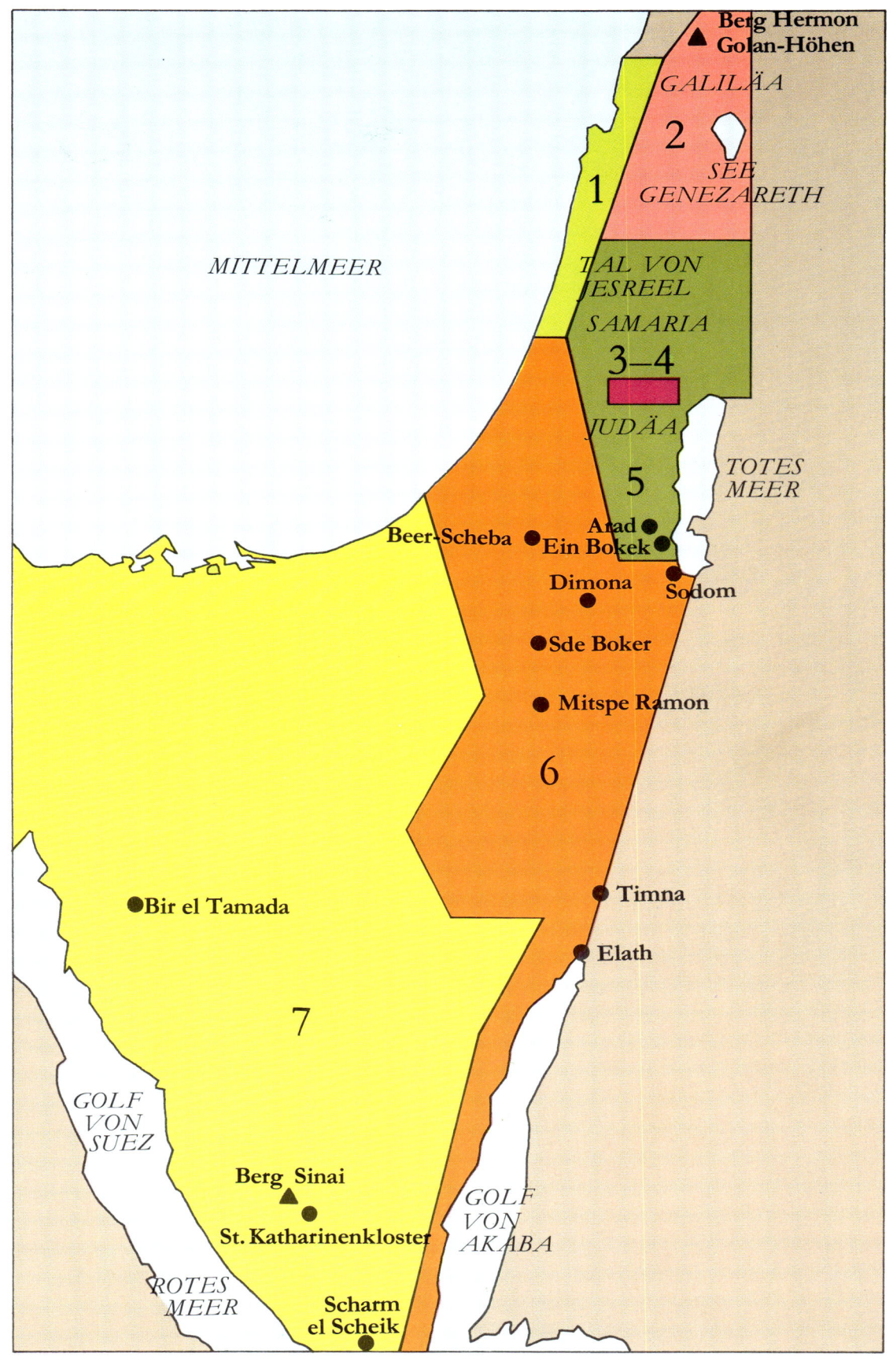

6 Der Negev und das Rote Meer

7 Sinai

1
Tel Aviv und die Nordküste

»Denn ich will das Gefängnis meines Volkes Israel wenden, daß sie sollen die wüsten Städte bauen und bewohnen, Weinberge pflanzen und Wein davon trinken, Gärten machen und Früchte daraus essen.«

Amos 9, 14

Sobald man diese Erde betritt, steht man zwei Welten gegenüber. Israel, Land der Gegensätze, Ort der Widersprüche, ist ein Planet im Kleinen, ein Mikrokosmos von Völkerschaften. Von allen Horizonten sind sie zurückgekehrt. Der Polizeibeamte, der Ihren Paß durchblättert, ist bestimmt Marokkaner. Von seinem Ursprungsland hat er sich den Akzent bewahrt, vielleicht sogar die Sehnsucht nach ihm. Der Zollbeamte ein wenig weiter ist möglicherweise Rumäne oder Bulgare. Welche Sprache Sie auch sprechen, bestimmt wird sich jemand finden, der Sie versteht.

Aber zunächst berührt der Tourist, hier zum Pilger geworden, mit der Hand den mit Ölflecken übersäten Asphalt. Man küßt den Boden der Heiligen Erde. Das ist eine alltägliche Szene, die nicht mehr überrascht. Daran gewöhnt man sich, und man muß sich von den verschiedensten Eindrücken überschwemmen lassen, die die erste Berührung mit dieser ernsten Erde, diesem fröhlichen Land vermittelt.

Vorläufig kann sich der Reisende, sobald er sich **Tel Aviv** nähert, den üblichen Freuden des Tourismus hingeben. Auf Lod (oder Lydda) hinabstoßend, hat die Boeing mit ihrem Flügel die sanft geschwungene Küste »gestreift«. Stolz bietet sich **die Wasserfront** den Blicken dar. Einige Wolkenkratzer spielen Manhattan, zweifellos in einem verkleinerten Maßstab.

Tel Aviv ... der Name allein ist bezeichnend und bedeutet »Hügel des Frühlings«. In Tel Aviv wurde an einem Freitag, am Vorabend des Sabbat, am 14. Mai 1948 die Unabhängigkeit des Staates Israel verkündet. Das mußte schnell geschehen: das Land bereitete sich gleichzeitig auf den ersten Krieg mit den arabischen Ländern vor.

Diese Stadt besitzt nicht den feierlichen Ernst Jerusalems, sie ist auch nicht vom geheimnisvollen Raunen Haifas erfüllt. Hier sprechen die Steine nicht wie woanders von vergangenen Jahrhunderten. Gewiß sind es nicht die wenigen Grabstätten aus dem Bronzezeitalter, die in Tel Qsileh* und Djerisheh entdeckt, nicht einmal die Befestigungsanlagen Alexander Jannais, die entlang des Flusses Yarqon ausgegraben wurden, die ihr das Ansehen einer von der Geschichte gezeichneten Stadt geben könnten.

Gestern erst geboren, besitzt sie bereits eine halbe Million Einwohner. Unaufhaltsam auf das Morgen ausgerichtet, bereitet sie sich darauf vor, ihre Einwohnerzahl zu verdoppeln.

Da die Rechtschreibung der Namen in Israel sehr unterschiedlich ist, halten wir uns an die hebräische Phonetik.

Tel Aviv – vom Wasser her gesehen.

Weiß und nicht sehr anziehend hat Tel Aviv den Augen des Touristen nur das zu bieten, was jede europäische Hauptstadt auch besitzt. Aber Schönheit und Harmonie in der Architektur setzen wahrscheinlich die große Geduld von Jahrhunderten und Menschen voraus. Ein Luxus der alten Nationen. Die jungen haben ihren Steinen nur die Begeisterung entgegenzusetzen.

Von Architekten ersonnen, die sich nach ihrem Europa sehnten, hat Tel Aviv die Anti-Getto-Stadt sein wollen. Bestimmt ist sie es. Das grausame Wort eines jüdischen Philosophen verurteilt sie gnadenlos: »In Tel Aviv beginnt die Diaspora.«

1909 erwarben die Mitglieder einer Vereinigung von Haluzim (Pioniere) einige Dünen am Ortsausgang von Jaffa. Nach ottomanischem Gesetz war es ihnen jedoch untersagt, auch nur die kleinste Fläche Sand zu besitzen, aber die Haluzim hatten holländische Strohmänner gefunden. Was ursprünglich nur ein Vorort von Jaffa war, sollte Tel Aviv werden, die wichtigste Stadt des Landes. Die beiden bilden heute eine einzige Stadtgemeinde.

Jaffa (Joppe im Neuen Testament) wurde der Überlieferung nach von Japhet, dem Sohn Noahs, gegründet. Sein hebräischer Name, Japho, bedeutet »Die Schöne«. Von der alten Pracht sind noch einige restaurierte Häuser geblieben, eher eine Dekoration als ein Stadtbild.

In Jaffa hatte sich Jonas nach dem fernen Tarsus eingeschifft, an dessen Küste der Walfisch ihn ausspie. Der Hafen wurde vom Pharao Thutmosis III. erobert, der dort seinen Namen einmeißeln ließ. Nach Jaffa verlegten die Griechen auch die Sage von Andromeda, der Tochter des Königs von Äthiopien.

Hier, in diesem Nebeneinander von Zivilisationen, gedeiht der Mythos.

Jaffa und Tel Aviv vom Flugzeug aus

Tel Aviv und die Nordküste

Schaschlikverkäufer

Jemenitischer Juwelier

Heute widmet sich Jaffa vor allem den »aufgeknöpften« Freuden – im Sinne Montaignes – der Vergnügungsviertel von Tel Aviv. Dort findet man auch Kunstgalerien, Kunstgewerbeläden und **Terrassencafés** mit Blick aufs Meer. Der Besuch von Tel Aviv ist nicht vollständig, wenn man nicht einen Abend »Jaffa by night« opfert. Avantgardistische Künstler und ehrbare **jemenitische Handwerker** bilden dort eine fröhliche Gemeinschaft mit den Damen eines beliebten Gewerbes und kleinen Zuhältern, sozusagen ein »kleiner Montmartre«. Diesen Beinamen hat auch eins der Viertel von Jaffa erhalten. In den Spelunken am Fuß der Anhöhe, am Tisch mit ewigen Domino- und Puffspielern, bei einem Glas *araq* (einem heimtückischen Getränk) oder auch bei einem harmlosen *mits echkoliyot* (Grapefruitsaft) kann man dieses lärmende, träge Leben des Orients an sich vorbeiziehen lassen... Lang hingezogener Singsang arabischer Sängerinnen, bitterer Rauch von Schaschlik und Kebab, Palaver, die sich bis spät in die Nacht hin-

Jaffa – Terrassencafé

ein ausdehnen, dies alles wirkt irgendwie beglückend: die Freude des Augenblicks, mit der vollkommenen Erfahrung jener Menschen genossen, die sich nicht den Kopf darüber zerbrechen, einen Sinn im Leben zu suchen, sondern mit einer Kunst, deren Bewahrer sie sind, das Leben der Sinne zu feiern.

Tel Aviv und die Nordküste

Die Nacht sinkt schnell herab, fast überstürzt. Entlang der Küstenstraße, die Jaffa mit Tel Aviv verbindet, öffnen Diskotheken und Kabaretts ihre Pforten. Die fleißige Bevölkerung entdeckt am Abend in Tel Aviv von neuem einen Rhythmus, der dem des Orients entspricht; sie gibt sich dem freundlichen Kult des Umherschlenderns und vor allem jenem endlosen Vergnügen leidenschaftlicher Gespräche hin. Man könnte meinen, sich in einem »padeo« eines mittelöstlichen Sevilla zu befinden.

Die Straße Dizengoff ist das Zentrum des Nachtlebens: dort verabreden sich jeden Abend die jungen und die weniger jungen Leute. Für Tel Aviv ist diese Straße die Champs-Elysées und zugleich Saint-Germain-des-Prés. Als Nachbarn sind die beiden berühmtesten Cafés in dieser Straße, das Rouwal und das **Kassith**, erklärte Feinde. Jeder Bewohner von Tel Aviv wird je nach seiner Einstellung entweder das eine oder das andere aufsuchen. Im Café Rouwal läßt sich die »feine Gesellschaft« bewundern; dort trifft man häufig Parlamentarier in Hemdsärmeln. Das Kassith ist der Sitz der Bohème und der Intellektuellen. Früher einmal tägliche Zuflucht berühmter Literaten – wie Altermann oder Schlonsky – ist es heute zum Hafen der Abgedankten des satirischen Journalismus, von Künstlern auf der Suche nach einem zweifelhaften Image und von Hippies, deren Reise nach Katmandu sie niemals über diese Straßen hinausgeführt hat, geworden. Dort werden folkloristische Bittgesuche ausgearbeitet und satirische Gedichte für die Zeitungen des nächsten Tages geschrieben; dort zieht auch der israelische Humor hemmungslos vom Leder gegen die »Priester des Establishments« und die Größen der Politik.

Die Mauern von Tel Aviv haben vielleicht keine Seele, aber ihre Gesichter haben ihre Geheimnisse.

Tel Aviv – Café Kassith

Junge Israelin

Die Dizengoff-Straße

Tel Aviv – Fröhliches Treiben am Purimfest

Israel ist ein Land, in dem trotz der durch den Krieg ständig drohenden Gefahr die Fröhlichkeit zur Tagesordnung gehört. Auf der Straße erinnert zuweilen ein entblößter Arm an die Greuel in den Lagern vor einem viertel Jahrhundert. Im kollektiven Gedächtnis des Volkes sind die tragischen Ereignisse oder die Erinnerung an sie allgegenwärtig. Sie gehören nicht zu den Dingen, die man vergißt. Und das Gelächter bricht zuweilen bei dem Gedanken an die Verzweiflung früherer Tage jäh ab.

Jedoch ist die jüngere Generation vom Exil und von der Angst der Vorfahren weit entfernt aufgewachsen. Für diese »Sabarim« stellt dieser Völkermord etwas Rätselhaftes, eine unglaubliche Tatsache dar, die man sich vergegenwärtigen muß, um die Erinnerung an sie an künftige Generationen weiterzugeben. Aber sie sind stolz, denn sie sind unter der Sonne Israels herangereift und haben gelernt, niemals den Rücken zu beugen. Als Realisten wissen sie, daß sie sich nur auf sich selber verlassen können: »Wenn ich mir nicht gehöre, wer gehört mir dann?« hat Hillel gesagt. Als Pragmatiker haben sie für den schwülstigen Stil der Älteren nichts übrig. Sie mißtrauen den Worten, diesen Worten, in die sich ihre Eltern lange Zeit geflüchtet hatten. Ein französischer Philosoph, Georges Friedmann, hat von ihnen gesagt: »Sie haben die Gettofehler ihrer Eltern verloren. Aber sie haben auch ihre guten Eigenschaften eingebüßt.«

Ja, sie ähneln ganz und gar nicht – oder nur sehr wenig – der vorangegangenen Generation. Sie besitzen eine strenge Schönheit, die sich aus Selbstsicherheit und Lebenskraft zusammensetzt. Die Angst ist verschwunden. Verschwunden auch die Komplexe und

Tel Aviv und die Nordküste

die Ängste. Ihr Blick ist fest und ihr Händedruck männlich, ihre Sprache unmittelbar und ungekünstelt. Ihr Humor ist ätzend. Ihre Kultur beruht auf der Welt der Bibel. Die Feste, die sie feiern, sind die der Helden der Thora. Man hat einige alte jüdische Feste verweltlicht, so das **Purimfest** (zur Erinnerung an das Wunder, das es der Königin Esther ermöglichte, einem babylonischen Pogrom zu entgehen), das heute Anlaß für ein fröhliches **Treiben in den Straßen von Tel Aviv** ist, ein Treiben, das die Kinder kaum erwarten können.

Wenn sich die neue israelische Kultur ebenso sehr von den europäischen Wertvorstellungen nährt wie von denen, die in Israel mit der großartigen »anderen Gesellschaft« geschaffen wurde, so hat sie doch auch ihre Wurzeln in den alten jüdischen Bräuchen aus früherer Zeit. Immer wieder trifft man auf Hinweise auf die jüdische Geschichte und auf das Beschwören der tiefen Bindungen zur Diaspora. Selbst die jungen Leute erwachen zu dem Bewußtsein, daß die neue Nation keine Schöpfung aus dem Nichts ist, sondern Bewahrer der jüdischen Kollektivvorstellungen. Es ist kein Zufall, daß die Symbole des Staates der **Davidstern** und der **siebenarmige Leuchter** des Tempels von Jerusalem sind, heute Anregung für kindliche Spiele im Sand. Diese Menora, die mit einer ewigen Flamme im Tempel brannte, symbolisiert seit seiner Zerstörung die Hoffnung auf eine Wiedergeburt Israels.

Spiele im Sand – Davidstern und siebenarmiger Leuchter

Tel Aviv und die Nordküste

Verläßt man Tel Aviv, die künftige Großstadt, die bereits ihre Vorstädte verschlingt, so führt die Autobahn die Küste entlang nach Norden. Schon bald hat man Natanja hinter sich, eine sinnenfreudige kleine Stadt, die sich fast ganz dem Tourismus widmet, mit Luxushotels und Ferienklubs und vor allem mit Cafés und Terrassen, wo man die Fröhlichkeit, die Geschwätzigkeit und die Lebhaftigkeit der ersten Siedler wiederfindet, die sich hier in so großer Zahl einen Platz an der Sonne schaffen wollen.

Der kleine Ort Or-Akiba kündigt bereits **Caesarea** an. Sein Name »Licht Akibas« erinnert daran, daß der fromme Rabbiner Akiba, der größte unter den Schriftgelehrten, strahlender Vorkämpfer der Thora, Verteidiger der Sache des Bar Kochba, dessen Aufstand gegen den römischen Eroberer nach dem Fall von Massada im Jahr 135 in sich zusammenbrechen sollte, in Caesarea von den Römern ermordet wurde.

Der Ort wurde von Herodes dem Großen um eine uralte Zitadelle herum gebaut, den Turm von Straton. Als Schmeichler gab Herodes ihm den Namen Caesarea und weihte ihn damit offensichtlich dem Kaiser Augustus. Er entwickelte sich schnell zu jenem »Caesarea Palästinas«, dem Brückenkopf des militärischen Imperialismus des Römischen Reiches. Die Angehörigen des benachbarten Kibbuz Sdot-Jam haben die Ruinen des Schwimmbades, des Hippodroms und eines prächtigen Amphitheaters von 95 m Länge

Caesarea – Römischer Aquädukt

und 62 m Breite freigelegt. Und in diesem Amphitheater, in dem früher die Juden nach dem niedergeschlagenen Aufstand gegen den römischen Statthalter Gessius Florus im Jahr 66 v. Chr. wilden Tieren vorgeworfen wurden, findet alljährlich ein internationales Festival klassischer Musik statt.

Ein **Aquädukt** von 9 km Länge, dessen Bögen zur Zeit noch im Sand begraben sind, zeugt für das römische Bauwesen bei der Bewirtschaftung der besetzten Gebiete. Im Talmud wird ein Gespräch zwischen einem Gelehrten und einem Mann des Volkes wiedergegeben, der von den zivilisatorischen Leistungen Roms begeistert ist. Der Rechtsgelehrte sagt: »Diese Thermen, diese Aquädukte und diese Amphitheater erbauen sie für ihre fetten Beamten und deren Prostituierte, aber nicht für das Volk.«

Im Jahr 1101 bemächtigten sich die Kreuzfahrer Caesareas, und dort entdeckte Balduin I. ein mit Diamanten besetztes Gefäß, den Heiligen Gral der keltischen Sage, der von da an in der Kathedrale von Genua ausgestellt wurde. 1252 erschien dort der Heilige Ludwig und ließ die Stadt mit Mauern umgeben. 1265 zerstörte Sultan Beybar die ganze Stadt.

Vor kaum zwanzig Jahren begonnen, werden bei diesen Ausgrabungen in Caesarea **Überreste** von außerordentlichem archäologischem Wert zu Tage gefördert.

Caesarea – Überreste des römischen Hafens

Tel Aviv und die Nordküste

Kehren wir auf die Straße nach Norden zurück, deren äußerster Punkt **Rosch Hanikra** ist. Am Horizont zeichnen sich die ersten Ausläufer des Karmel-Gebirges und sein violettes, von Kiefern und Zypressen gekröntes Massiv ab. Bei diesem Anblick kann man wie Chateaubriand, Verfasser von *Itinéraire de Paris à Jérusalem*, den Eindruck gewinnen, einen Augenblick lang »etwas Religiöses und zugleich Majestätisches« erlebt zu haben.

Der Karmel, heiliger Berg für die drei großen Religionen, krönt mit Gärten und Wäldern die Stadt **Haifa**. Das Hohelied Salomos, in dem die jüdischen Rechtsgelehrten etwas anderes sehen als nur ein wunderbares Liebeslied, läßt den König Salomo zu Sulamith gewandt sagen: »Dein Haupt steht auf dir wie der Karmel«, während der Prophet Jesaja sein »Schimmern und sein Strahlen« besingt.

Dort schleudert in diesem mystischen Gebirge, das keinem anderen ähnelt, Elias den Propheten des Baal seine Herausforderung entgegen. Man sagt, daß Pythagoras auf dem Karmel Zuflucht und Meditation suchte. Dort steigt auch der herrliche Persi-

Bucht von Haifa und der behaistische Tempel

sche Garten des **behaistischen Tempels** terrassenförmig an, dessen vergoldete Kuppel nicht ohne eine gewisse Majestät das Panorama der **Bucht von Haifa** beherrscht. Wer sind diese Behaisten, die von Zeit zu Zeit in diesem oder jenem Erdteil von sich reden machen? Ihre Lehre trägt den Namen ihres Hauptvertreters Beha Allah (Gott die Ehre) und verkündet die Vereinigung aller Glaubensrichtungen, aller Rassen und aller Menschen, denn, so sagt sie, »der Schöpfer ist der Eine«. Die Behaisten haben weder Riten, noch Priester, noch einen Kult. Sie haben nichts als dieses Juwel aus Gold und grüner Vegetation auf dem Karmel. Haifa, Stadt der Harmonie, ist ihr Jerusalem.

Stadt der Harmonie? Sie besitzt weder die Nüchternheit von Tel Aviv, noch den feierlichen Ernst Jerusalems. Sie ist unverfälscht. Dem Touristen stellt sie sich als das dar, wozu ihre Einwohner sie alltäglich machen: eine Arbeiterin ohne Komplexe, die den Beinamen »die rote Stadt« trägt, zurückhaltend aber ohne jede Scheu. Das Leben verläuft dort in der Gelassenheit alter Städte, die die europäischen Hauptstädte vielleicht einzubüßen

Mittelmeerküste in der Nähe von Rosch Hanikra

Tal von Jesreel

Haifa – Haus in der Altstadt

beginnen. Der Hadar Hacarmel, der obere Teil der Stadt, ist ein Modell beispielhafter Stadtplanung, bei der man die üppige Vegetation berücksichtigt hat.

Der Hafen ist das eigentliche Zentrum der Stadt. In ihm münden alle wirtschaftlichen Leistungen des lieblichen, fruchtbaren **Tals von Jesreel**, früher einmal ein Sumpfgebiet, heute die eigentliche »Kornkammer« des Landes. Wenn sie dort ihren Boden bebauen, müssen die israelischen Bauern wohl häufig an die großen biblischen Schlachten denken, die dort stattgefunden haben. Dort schlug auf Betreiben der Prophetin Debora der Feldherr Barak die Heere Jabins, des Königs von Hazor. Dort, in diesem Tal, sammelte König Saul seine Truppen vor der Schlacht am Berg Gilboa um sich, in der er sein Leben verlor.

Aus diesem Kampfgebiet haben heute die Bewohner der Kibbuzim eine Stätte des Friedens gemacht: sie haben das Tal entwässert und die Landschaft erneut kultiviert.

Tel Aviv und die Nordküste

Lange Zeit waren die Kibbuzim kollektive Einheiten; diejenigen, die deren Bedingungen annahmen und dort lebten, waren von einem starken Streben nach sozialer Gerechtigkeit und Brüderlichkeit beseelt. Sie waren die jüdischen »Propheten« in einer für unsere Zeit verweltlichten Version. Bei ihnen traf man auch auf Überreste von Träumereien, wie Tolstoi sie hegte.

Heute sind die Kibbuzzim Heimstätten der Kultur. Daher werden dort Schriftsteller, Musiker und Künstler mit soviel Sorgfalt gehütet und gepflegt, wie man sie gestern noch jungen Pflanzen zuteil werden ließ. In seinem heimatlichen Kibbuz hat der Schriftsteller Amos Oz seine Autorenrechte an die Gemeinschaft abgetreten. In **Kabri** verfügt der **Bildhauer Schami** über einen Atelierschuppen, in dem er seine riesigen Stahlmonstren

Kabri – Atelier des Bildhauers Schami

bearbeitet. Und auch dort laufen seine Einnahmen in die Kasse des Kibbuz.

Ist man von einem Ausflug in die Umgebung von Haifa zurückgekehrt, sollte man ohne Furcht in **die arabischen Cafés** am Hafen hinabsteigen. Dort vollzieht sich die Koexistenz zwischen Juden und Arabern auf friedliche Weise, in brüderlichen Rededuellen oder in komplizenhaftem Schweigen, und das vor einem Glas oder einem türkischen Kaffee. Man sollte sich nicht darüber wundern, wenn es die Juden sind, die arabisch sprechen, und die Araber, die in Hebräisch verfallen.

Denn Haifa ist die Stadt der Friedfertigkeit, der Worte, die nicht töten, sondern die die Freundschaft, die Liebe zwischen den Menschen, zwischen den Brüdern in der Arbeit und in der Muße preisen.

Haifa, Stadt der seelischen Gelassenheit.

Tel Aviv und die Nordküste

Alljährliche Wallfahrt der Samaritaner

In den Schluchten des Karmelmassivs gibt es einige verstreute Dörfer, die von einer sehr eigentümlichen Gemeinschaft bewohnt sind: von den **Drusen**. Wer sind sie? Seit dem 11. Jahrhundert Dissidenten des Islam, wurden sie von den Mohammedanern als Ketzer betrachtet und verfolgt. Der Staat Israels hat ihnen den Status einer unabhängigen religiösen Gemeinschaft zuerkannt, und seitdem haben sie sich in ihren achtzehn Dörfern am Karmel und in Galiläa, in denen sie beieinander wohnen, loyal in das Leben des Landes eingefügt. Auch die israelische Armee vertraut ihnen: dort dienen sie in den gefährdetsten Freiwilligenverbänden. Jedoch wohnen ihre Glaubensbrüder im Libanon oder im Dschebel Drus in Syrien.

Der Name, den sie tragen, könnte auf einen ihrer Führer zurückgehen, der im 18. Jahrhundert lebte: Mohammed ben Ismaël Eddarogi. Aber seltsamerweise ist den einfachen Gläubigen ihre Religion nicht bekannt. Nur die Honoratioren und die Gelehrten geben Geheimnisse ihres Kults vom Vater auf den Sohn weiter. Also eine Religion für eine Elite? Vielleicht. Auf jeden Fall versammeln sich die Gelehrten und die Gläubigen am 25. April in Hittim in Galiläa zur großen alljährlichen Wallfahrt zur Grabstätte von Jethro dem Madianiter, dem Schwiegervater des Moses. Auf ihn führen sie sich zurück.

In der Universität von Jerusalem ebenso wie auf der Technischen Schule in Haifa fallen die wenigen drusischen Studenten schnell auf. In der Knesset, dem israelischen Parlament, erklärt ein junger drusischer Abgeordneter, Kamal Mansur: »Unserer Tradition gemäß halten sich während einer Schlacht die Frauen der drusischen Gemeinschaft hinter den Kämpfern auf, um sie zu ermutigen. Nicht eine einzige drusische Frau wäre bereit, einen Krieger zu heiraten, der die Flucht ergreift.«

Als Kaufleute, aber vor allem als wohlhabende Landwirte nehmen die Drusen aktiv am Wirtschaftsleben des Landes teil. Ihre reiche Folklore hat die der Gesamtheit der Nation beeinflußt.

Außer den Drusen leben noch andere Minderheiten in Israel und besitzen den Status unabhängiger Gemeinschaften. Im wesentlichen handelt es sich um die Karaïten, rund 10000 Menschen. Ihre Bewegung beruht auf der Ablehnung des Talmud und der mündlichen Überlieferung; gültig ist nur die Bibel, deren Vorschriften dem Buchstaben getreu erfüllt werden.

Was nun die Samaritaner betrifft, so bringen sie der Bibel und vor allem dem Buch Josua uneingeschränkte Verehrung entgegen. Ebenso wie die Karaïten lehnen sie die Autorität des Talmud völlig ab. Im ganzen Land leben nur noch ein paar hundert von ihnen: hundertundfünfzig in Holon, zweihundertundfünfzig in Nablus.

Die große **alljährliche Wallfahrt der Samaritaner** findet am Berg Garizim, in der Nähe von Nablus statt.

Eine eigenartige Gemeinschaft: die Drusen

»Ein maavar« (keine Durchfahrt). In **Rosch Hanikra** hört die Straße nach Norden auf. Hier ist der Grenzposten nach dem Libanon. Man muß umkehren. Nun folgen wir gemächlich der Küste bis Achziv, einem Besitz des Club Méditerranée; nicht weit von dort entfernt wird ein neues Hippie-Dorf errichtet, von Leuten, die so ziemlich von überallher kommen – mit ihren langen Haaren und der Gitarre. Ihr Zeremonienmeister hatte, um zu Wohlstand zu gelangen, eine grandiose Idee. Er hat vor aller Welt die Unabhängigkeit seines Bereiches proklamiert und angefangen, vor den Kameras der ganzen Welt dort »Hippie-Hochzeiten« zu zelebrieren, eine Art »Vater Ubu«, der sich in einen tüchtigen Kaufmann verwandelt hat.

Und schließlich Naharija, ein reizender kleiner Badeort, der sich zum beliebtesten Ziel für Flitterwochen in diesem Land entwickelt hat. Von Flüchtlingen aus Deutschland erbaut, die den Todeslagern entronnen sind, ist diese Stadt ein Musterbeispiel für das, was man in Israel – nicht ohne Spott – als »Jekke-Geist« bezeichnet. Dort begegnet man einem Ordnungsfanatismus, methodischer Langsamkeit und bedrückender Ernsthaftigkeit. In Naharija empfindet man dies alles als Tugenden.

In einen Schimmer intensiven Lichts getaucht spiegelt der **Hafen von Akko** die Türme und Mauern des antiken Ptolemais. In früherer Zeit war die Stadt immer wieder Gegenstand der Begehrlichkeit aller Mächte, die im Mittleren Osten eine Rolle gespielt haben. Schon neunzehn Jahrhunderte vor Christi findet man sie in den in El Amarna entdeckten sogenannten Amarnabriefen erwähnt. Der Pharao Thutmosis III. eroberte sie 1450 v. Chr.

Da sich Akko an der Nordgrenze seines Königreichs befand, trat Salomo es an Tyros ab. Ptolemäus I. machte sie 312 v. Chr. dem Erdboden gleich, und ein anderer Ptolemäus, der zweite seines Namens, baute sie erneut auf und gab ihr den Namen Ptolemais. Im Jahr 47 n. Chr. erhielt sie als Vergünstigung den Status einer römischen Kolonie. Man nannte sie »Colonia Claudia Ptolemais«. Es waren die Brüder vom Spital Saint-Jean- oder die Ritter des Johanniterordens, die ihr den Namen Saint-Jean-d'Acre gaben.

Rosch Hanikra

Akko – Der Hafen

Die Kreuzritter besetzten die Stadt im Jahr 1104 und legten **Befestigungsmauern** an. Nach dem Fall von Jerusalem machten sie sie zu ihrer Hauptstadt. Eine unterirdische Kirche, deren Krypta in schwungvollen Spitzbogengewölben emporstrebt, ist das einzige Zeichen jenes inbrünstigen Glaubens, der die Kreuzritter beseelte. Ein geübtes Auge vermag an einem Bogen der **Johanniter-Krypta** eine in den Stein gehauene Lilie zu entdecken. Diese Blume, die Henri de Champagne auf seine Münzen prägen ließ, wurde in Frankreich zum Symbol der Monarchie.

In Akko wurde Herkules wegen einer schlimmen Wunde gepflegt; daher nach manchen Autoren der Ursprung des Namens der Stadt (im Griechischen bedeutet *akko* Behandlung und Medikament).

An den Uferböschungen des »Glasflusses«, des alten Belus der Römer, hatten phönizische Seeleute Salpeter gebrannt. Das war die Geburtsstunde des ersten Gegenstandes aus Glas. Bis zur Errichtung der Hafenanlagen von Haifa war Akko der Haupthafen Palästinas. Noch heute ist er der wichtigste Fischereihafen Israels. Auf dem Strand ruht, verrostet und zum Spott herausfordernd, eine türkische Kanone, die bestimmt an der Niederlage Bonapartes im Jahr 1799 beteiligt war. Vor den Mauern vor Akko, die von Jezzar Pascha verteidigt wurden, entglitt Frankreich endgültig die Beherrschung der Straße nach Indien. Dieser albanische Abenteurer verdiente sehr wohl seinen Beinamen – der »Halsabschneider« –, aber seine Grausamkeit beeinträchtigte nicht im geringsten die Frömmigkeit, die er immer wieder bewies. Im Islam und ganz allgemein im Orient besitzt die Kriegskunst – selbst wenn sie bis zu den äußersten Grenzen der Bestialität getrieben wird – stets auch eine religiöse Dimension oder einen religiösen Anklang.

Die Moschee, die Jezzar Pascha 1781 erbauen ließ, und die noch immer seinen Namen trägt, ist von einem strahlenden, triumphierenden Weiß. Sie stellt eine an den Himmel, aber vor allem an die Ungläubigen gerichtete Herausforderung dar. Ihr Minarett wirkt wie ein Gott entgegengestreckter Finger, Gott – dem Anfang und dem Ende aller Dinge.

Aber Akko ist vor allem ein unwahrscheinliches Gewirr von Karawansereien, die im Labyrinth der Basargassen verstreut liegen, so orientalisch, wie es nur sein kann. In den schattigen Winkeln der arabischen Altstadt verbirgt sich das unendlich Geheimnisvolle des Orients, auch seine entfesselte Geschäftstüchtigkeit und das von den Vorfahren ererbte Sichgehenlassen in den Souks, die man sich exotischer nicht wünschen kann. Akko, das ist das genußreiche Leben ohne Haß und ohne Bitterkeit. Dort entdeckt man eine Ordnung, in der die mühselige Arbeit eine religiöse Pflicht darstellt und niemals eine Rechtfertigung des Menschen. Hier ist die Faulheit eine Kunst, die viele Tugenden erfordert.

Man weiß, daß die Anziehungskraft dieser tausendfach heiligen Erde auf die Krieger christlichen Glaubens, auf die Pilger Jesu ungeheuer stark war, und Jerusalem, Schauplatz der Leidenszeit Christi, hat stets die fromme Inbrunst der Massen genährt. Nach-

Tel Aviv und die Nordküste

Festungsanlagen der Kreuzritter

Tel Aviv und die Nordküste

Caesarea – Die Stadtmauern

Ruinen von Belvoir

dem Konstantin der Große in Jerusalem die Kirche des Heiligen Grabes und in Bethlehem die Geburtskirche erbaut hatte, schwoll der Strom der Pilger immer mehr an.

Als die arabischen Eroberer das byzantinische Reich besetzten, hörten die Pilgerzüge auf, und erst im 8. und 9. Jahrhundert wurden sie nach Herstellung guter Beziehungen zwischen Karl dem Großen und Harun al Raschid, dem Helden aus *Tausendundeiner Nacht* wieder aufgenommen. Der Schutz der Heiligen Stätten durch die Franken wurde durch die Hinterlegung der Schlüssel der Kirche des Heiligen Grabes in Aachen symbolisiert.

Die Fatimidenkönige Ägyptens unternahmen, nachdem sie Kalifen geworden waren, ein Gemetzel unter Juden und Christen und stürzten Palästina in ein Blutbad. Einer von ihnen, El Hakim, zerstörte die Grabeskirche.

Einige Jahre später, nach der Entweihung der Heiligen Stätten in Konstantinopel im Jahr 1071, entschloß sich Papst Urban II. auf dem Konzil von Clermont (1095) den Kreuzzug zu verkünden. Berufsmäßige Prediger entflammten die Geister im christlichen Europa. Es kam zu Gemetzeln und trotz des Schutzes, den der Bischof der berühmten jüdischen Gemeinde in Worms zu geben versuchte, wurde diese dezimiert.

Im Jahr 1096 stieß der erste Kreuzzug bis Konstantinopel vor. Der Chronist Foulques de Chartres beschrieb die Kriegsleute folgendermaßen: »Welch freundliches, wunderbares Schauspiel waren diese schimmernden Kreuze aus Seide, Goldbrokat oder aus gelbrötlichen Stoffen, die sich die Pilger auf Befehl des Papstes auf ihre Mäntel, ihre Umhänge genäht hatten...«

In Jerusalem, das Gottfried von Bouillon 1099 im Sturm nahm, wurden Mohammedaner wie Juden hingemetzelt. Und erst 1187 zerschlug Saladin das Heer der Kreuzritter bei Hittim in Galiläa. Die Kreuzritter wurden aus dem Heiligen Land vertrieben. Dem dritten Kreuzzug unter Richard Löwenherz, Philipp August und Friedrich I. Barbarossa gelang es nicht, Jerusalem zurückzuerobern. Da machten die Kreuzritter Akko zu ihrer Hauptstadt. Sie sollte es ein Jahrhundert lang bleiben. Hier und da findet man noch Überreste der gotischen Architektur, mit der sie dieser Stadt ihr Gepräge gaben.

Neben den Juden waren die Kreuzritter im Grunde die einzigen, die in Palästina eine unabhängige politische Einheit gegründet haben. **Die Stadtmauern von Caesarea** oder von Akko und die Ruinen ihrer Burgen bezeugen vor der Geschichte diesen Glauben, der Europa auflodern ließ.

Im gesamten nördlichen Bereich des Landes findet man Ruinen mit fränkischen Namen, so Montfort, Chastel Pèlerin oder **Belvoir**, das eine strategische Stellung oberhalb des Jordantals einnahm.

Durchquert man die fruchtbare Ebene des Saron, gelangt man einige Meilen von Tel Aviv entfernt nach **Ramle**. Der Turm verdient einen Aufenthalt. Er stammt aus dem 14. Jahrhundert und war ursprünglich das Minarett einer Moschee.

Ramle ist die Heimat des Joseph von Arimathia, Eigentümer der Grabstätte, in der Jesus beigesetzt wurde.

2
Galiläa und der Norden des Landes

Rosch Pina

»Wer sich bereichern will, geht nach Galiläa hinauf. Wer weise werden will, geht nach Jerusalem.«
Der Talmud

Im weiten grünen Land von Beit Hakerem (Haus des Weinbergs) liegt mitten in **Galiläa** ein kleines bescheidenes Dorf, das man kaum wahrnimmt: Pekiine. Ein winziges Stück Land, heimgesucht von den heimtückischen Stürmen eines zermarterten und zerrissenen Galiläa, dermaßen von anderen begehrt, daß die Juden es »Galil der Völker« nannten (Galil Hagojim, von dem Jesaja spricht). Auf diesem Floß der Medusa, als das man Pekiine bezeichnen kann, hat sich eine alte jüdische Familie, die Familie Zenatti, mit jener Kraft, die der Glaube verleiht, festgeklammert. Noch heute lebt sie dort, Zeuge einer jüdischen Präsenz, die zu entwurzeln den vielen aufeinander folgenden Eroberungen niemals gelungen ist.

Galil Hagojim ist heute ganz einfach zu Galiläa geworden. Die Hand des Siedlers hat diese Erde umgewandelt. Sie hat ihr eine neue Gestalt verliehen, die kahlen Hügel aufgeforstet und den unfruchtbaren Boden um den Hule-See trockengelegt. Sie hat an den Hängen Orte errichtet, als ersten unter ihnen **Rosch Pina** (Probierstein). Sie hat auch in den von den Sümpfen verseuchten Gebieten Kibbuzim und Moschawim angelegt, nur von der Erinnerung an die Mahnung des Propheten bestärkt: »Auf alten Ruinen wirst du wieder aufbauen, du wirst ihre uralten Grundmauern wieder aufrichten. Man wird dich nennen ›Wiederhersteller der Trümmer‹, der die Wege wieder erbaut und das Land bewohnbar macht.«

Mit der Bibel in der Hand sollte man die gewundenen Gassen jüdischer, arabischer oder drusischer Dörfer entdecken, eingeschmiegt in die engen Täler, die Galiläa durchziehen, in ein Klima getaucht, in dem Vergangenheit und Gegenwart wirksam sind und ihre Söhne miteinander verschmelzen.

Landschaft in Galiläa

Bet She'an – Römisches Amphitheater

Galiläa und der Norden des Landes

Araber aus Galiläa

Im oberen Galiläa bemüht sich die archäologische Forschung im Gebiet von Hazor den Sieg Josuas über die Kanaaniter in allen Einzelheiten zu rekonstruieren. Von den Ufern des Mittelmeers bis zum Jordantal gibt dieses liebliche Land steinerne Zeugen, Tells (Ruinen im Sand versunkener Städte), Höhlen, Mosaiken und Münzen frei. Überreste alter, zerstörter Kulturen, als sie noch auf der Höhe ihres Ruhmes standen.

In der Gegend von **Bet She'an** wurden Ausgrabungen vorgenommen, bei denen Dutzende von Schichten freigelegt wurden, die, wie es heißt, bis in die vorbiblische Zeit zurückreichen.

Vor den Toren der Stadt wurde ein **römisches Amphitheater** fast vollständig wieder zum Leben erweckt. Jetzt ist es von einem Park umgeben.

Aber Galiläa bedeutet auch die Gegenwart. Und zwischen den Reihen von Obstbäumen, die sich in der Ebene von Jesreel hinziehen, in den Olivenplantagen, die das Tal von Bet Hakerem schmücken, und auf den Rasenflächen der Kibbuzim schlägt das heiße Herz Galiläas im Rhythmus der Arbeit. Eine Arbeit, bei der die Menschen die Erde bezwungen haben, die vor Vernachlässigung starb und sich danach sehnte, ihre Hoffnungen zu erfüllen.

Die arabischen Minderheiten, die vor allem dort konzentriert sind, was man heute als »das Dreieck« (das heißt, Galiläa) bezeichnet, räumen nun doch ein, daß die Gesetze des Fortschritts unwiderruflich sind.

In der bedrückenden Hitze einer von den Dichtern als fiebrig bezeichneten Sonne, über ihre Hacken gebeugt, besingen sie das Wasser und die Ernte, die Bäume und die galiläische Straße. Sie singen vor allem zur Zeit der Oliven. Aus dieser Olive gewann man in früheren Zeiten das Öl, mit dem man den Auserwählten Gottes salbte. Mit diesem gleichen Öl wird Israel in den Heiligen Schriften verglichen.

Galiläa und der Norden des Landes

Safed (auf hebräisch Tsfat), eine der vier heiligen jüdischen Städte (zusammen mit Jerusalem, Hebron und Tiberias), liegt hoch auf den belebenden Höhen des Berges Kanaan.

In einem pittoresken Gewirr stufenartig angelegter **Gassen**, gewundener Straßen und mehr oder weniger eingesunkener Dachstuben, die diesem Ort seinen Zauber einer Stadt von Bohemiens verleihen, berichten mittelalterliche **Synagogen** von der Geschichte des vertrauten Umgangs, den Safed lange Zeit mit Gott gepflogen hat.

Nicht etwa dank ihrer Rolle als Zufluchtsort für die im 15. Jahrhundert von Torquemadas Spanien vertriebenen Juden ist die Stadt Safed in die Geschichte eingetreten, sondern weil sie die Wiege des Buches Sohar und der Kabbala wurde, jener esoterischen Philosophie, die alle Quellen der Logik ausgeschöpft hat, »Ehrt in allen Dingen die Göttlichkeit des Allerhöchsten, denn der Kern seiner Göttlichkeit ist in der Schale der Materie eingeschlossen.« Diese Worte des Rabbiners Isaak Lurja, genannt Ari (der Löwe), hallen noch immer unter den düsteren Gewölben der vor kurzem restaurierten Synagogen nach.

Von diesem großen Meister der Kabbala hat man vor allem die Philosophische Lehre bewahrt, die unter dem Namen Tsimsum (Zusammenziehung) bekannt wurde, nach der sich das Unendliche aus freien Stücken zusammengezogen habe, um das Endliche zu gebären. Haari ruht heute mit anderen Kabbalisten an den Hängen des Berges Kanaan. Nicht weit von der Grabstätte entfernt findet man einige abgegriffene oder wurmstichige Bücher des Talmud. Für das Volk Israels haben auch die Schriften eine Grabstätte, weil die Worte gleichfalls eine Seele haben.

Von manchen großen Rabbinern Safeds hieß es, daß die Winkel des Talmud ihnen vertrauter waren als die Gassen ihres Dorfes.

Aber die Geburtsstadt der Kabbala ist heute ein Ort für Sommerurlauber und eine Art Montparnasse von Galiläa, wo junge Maler, denen es an Inspiration fehlt, im Künstlerviertel (dem alten arabischen Viertel) der Muse huldigen.

Safed besucht man nicht wegen seiner Maler, sondern wegen der Synagogen und der vergilbten Seiten der Talmuds. Die Pilger wissen es, die sich alljährlich zum Fest von Lag Baomer (Februar) am Meron versammeln, einige Kilometer von Safed entfernt, am Grabmal Simon Bar Jochais, des Verfassers des Buches Sohar, das er in einer Höhle schrieb, in der er fünfzehn Jahre lang seine Zuflucht nahm.

Dieses Buch Sohar ist für das Judentum so etwas wie ein Land der Wahrheit. Nur die in der kabbalistischen Ausübung erfahrenen Rabbiner sind in dieses Land vorgestoßen. Nur wenige sind aus ihm zurückgekehrt.

Einer legendären Überlieferung zufolge haben es vier Rabbiner gewagt, sich in den »Garten« der Kabbala einzuschleichen. Der eine hat dabei den Tod gefunden. Der zweite hat Selbstmord verübt. Der dritte verfiel dem Wahnsinn. Und nur der vierte »ist eingetreten und in Frieden wieder herausgekommen«. Das war der Rabbiner Akiba, der Meister unter den Meistern, Ruhm und Herrlichkeit Israels.

Safed – Gassen

Synagoge in Safed, Wiege der Kabbala

Galiläa und der Norden des Landes

An der Nationalstraße nach Tiberias liegt etwa ein Dutzend Kilometer von Nazareth entfernt ein kleines, ruhiges unauffälliges Dorf, das sich im Schatten von Oliven-, Feigen- und Granatapfelbäumen ausbreitet: **Kefar Kana**. Zwei Kirchen, die eine katholisch, die andere orthodox, erheben sich an der Stelle, wo Jesus aus Galiläa im Verlauf der Hochzeit von Kanaa Wasser in »guten Wein« verwandelte (Johannes 2, 1–11). Und in der Kirche der Franziskaner wird die Erinnerung an dieses Wunder feierlich begangen.

Kefar Kana – Café

Diese Kirche der Franziskaner aus dem 15. Jahrhundert wurde auf den Fundamenten der ursprünglichen Kirche errichtet, von der noch Fragmente von Mosaikarbeiten erhalten sind. Nach einer Widmung, die dort in aramäischer Sprache zu lesen ist, wäre der Gründer ein gewisser Joseph.

Was nun die orthodoxe Kirche von Kana betrifft, wurde sie 1556 an der Stelle einer alten Moschee erbaut. Aber die Weinkrüge, die dem Besucher gezeigt werden, und die mit denen des Wunders identisch sein sollen, sind von fragwürdiger Herkunft. Das ist unwesentlich: denn sie sind da, um an ein Ereignis zu erinnern und es wieder aufleben zu lassen.

Kana ist die Heimat des Nathanael (Johannes 21, 2), der Jesus von Philipp zugeführt wurde und unter dem Namen Bartholomäus einer der zwölf Apostel wurde.

Bei der Rückkehr aus Judäa hielt sich Jesus erneut in Kana auf und heilte dort den im Sterben liegenden Sohn eines königlichen Beamten in Kapernaum (Johannes 4, 43–53).

Ein wenig weiter östlich erhebt sich der **Berg Tabor**, der die Ebene von Jesreel beherrscht. Der Tabor war eine Festung von strategischer Bedeutung. Dort hat sich die Verklärung Christi zugetragen. Auf diesem Berg, der die Berge des unteren Galiläa überragt, haben die Jünger Jesu das Gesicht ihres Meisters betrachtet, das plötzlich in einem hellen Licht erstrahlte. Matthäus berichtet: »Und nach sechs Tagen nahm Jesus zu sich Petrus und Jakobus und Johannes, seinen Bruder, und führte sie beiseite auf einen hohen Berg. Und er ward verklärt vor ihnen, und sein Angesicht leuchtete wie die Sonne, und seine Kleider wurden weiß wie ein Licht. Und siehe, da erschienen ihnen Mose und Elia; die redeten mit ihm.« Im 6. Jahrhundert wurden auf dem Gipfel des Tabor zur Erinnerung an die drei Hütten, die Petrus für Mose, Jesus und Elia aufzustellen vorgeschlagen hatte, drei Kirchen errichtet. Im 12. Jahrhundert erbauten die Kreuzritter dort eine Kirche, die auch eine unterirdische Apsis byzantinischen Ursprungs miteinbezog. Heute krönt eine moderne **Basilika der Franziskaner**, die 1523 auf den Ruinen der Kirchen der Kreuzfahrer und der Byzantiner entstand, den Gipfel des Berges Tabor.

Zwölf Jahre früher – 1511 – hatten die Orthodoxen neben der Grotte, die Melchisedek zugeschrieben wird, die Kirche St. Elia erbaut.

Am Fuß des Berges Tabor weckt ein kleines arabisches Dorf mit Namen Deburjeh die Erinnerung an die Prophetin Debora, Richterin in Israel, die sich dem Heer Siseras entgegenstellte und den König von Hazor besiegte.

Basilika der Franziskaner auf dem Gipfel des Berges Tabor

Der Berg Tabor

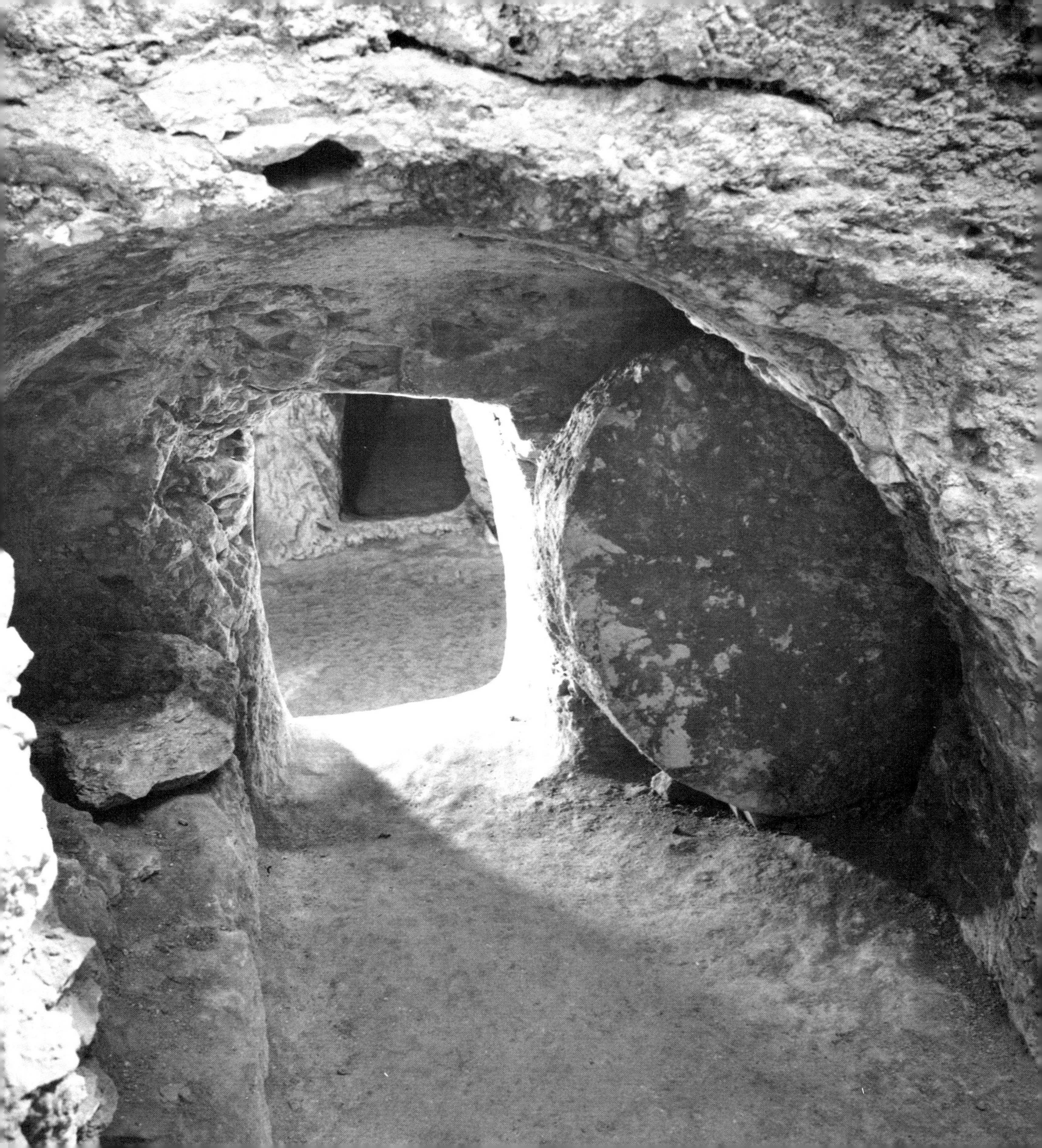

Ein Stück weiter, am Fuß der mit Zypressen bepflanzten Hügel breitet sich, eingeschmiegt in die Mulde des Tals von Jesreel, **Nazareth** aus. Jahrhundertelang unbeachtet, von den Byzantinern verwüstet und von den Kreuzfahrern, die sie zur Hauptstadt von Galiläa erhoben, wieder aufgebaut, ist sie heute nach Jerusalem und Bethlehem die dritte Stadt für christliche Pilgerfahrten. Diese schlichte, fast keusche Stadt, auf der ein Schimmer von Feierlichkeit zu liegen scheint, ist vom Atem der Evangelien erfüllt: da ist die Grotte der Verkündigungsbasilika, wo der Engel Gabriel die Worte der Verkündigung zu

Nazareth

Dan – Kanaanitischer Altar

Maria sprach: »Fürchte dich nicht, Maria! Du hast Gnade bei Gott gefunden. Siehe, du wirst schwanger werden und einen Sohn gebären, des Namen sollst du Jesus heißen.«

Das Kloster der Schwestern von Nazareth, die Kirche des Heiligen Joseph und die Kirche des Heiligen Gabriel streiten sich alle um den Ruhm, jene Stelle zu besitzen, an der das Haus des Zimmermanns Joseph gestanden haben soll.

Als Pilger sollte man jeden der Orte dieser Stadt entdecken, wo Jesus als Kind gelebt hat.

Dan ist ein vorgeschobener Posten Israels an der Nordgrenze des Landes. Er liegt am Fuß des Tell el Kadi (der Hügel des Richters). Auf der Mitte dieses Hügels erhob sich in früheren Zeiten in der Nähe sprudelnder Quellen der **Altar der Kanaaniter**, von den Daniten für ihren Prediger Jonathan errichtetes Heiligtum, den sie aus dem Haus Michas des Ephraimiten geraubt hatten.

Bei den Bestattungsriten fordert die jüdische Religion äußerste Einfachheit. Aber nach dem Eindringen des Hellenismus in Judäa wurden Bestattungen Anlaß zur Prachtentfaltung. Man errichtete Grabdenkmäler, in denen ein nicht unerheblicher Teil des Reichtums eingemauert wurde. Daher wurden zahlreiche **jüdische Grüfte** mit schweren steinernen Toren verschlossen.

Nazareth – Jüdische Grabstätte aus der Zeit Christi

In der grauen Einförmigkeit seines Basaltgesteins bietet Tiberias hinter seinen geschwärzten beschädigten Mauern, die einen scharfen Gegensatz zum lieblichen Grün der galiläischen Landschaft bilden, einen etwas schwermütigen, düsteren Anblick. Die Verwüstungen während der einander folgenden Eroberungen durch Kreuzfahrer und Türken und die Erdbeben, die es nur allzu häufig kennengelernt hat, haben es hart mitgenommen. Von der antiken Stadt des Herodes, die dieser erbaut hatte, um Tiberius, seinem Oberherrn, zu schmeicheln, sind nur noch Bruchstücke der römischen Säulen und Ruinen von Stadien oder Amphitheatern übriggeblieben, die dem Untergang nur durch Zufall entgingen. Am Ufer seines Sees grübelnd, läßt sich Tiberias nur zu einem Lächeln herab, wenn es die ersten Strahlen der Frühlingssonne treffen. Sobald ein malerisches und abwechslungsreiches Treiben an den Caféterrassen, die den **See Genezareth** säumen, vorbeizieht, bietet Tiberias seinen grauen Körper der sommerlichen Hitze dar. Es leuchtet auf, wird fröhlich und verwandelt sich in einen Ferienort mit Wasserskilauf und Bootsfahrten. Es wird zu einer Stadt der Erholung und Entspannung.

Entspannung am Ufer des Sees Genezareth, der auch noch Galiläisches Meer oder See von Kinnereth genannt wird. Vom Jordan gespeist, bildet er heute das große Wasserreservoir Israels, und sein Wasser fließt durch einen riesigen Betonkanal bis zu den Grenzen des Negev im Süden.

Dieser See ist nicht nur für den Boden Israels nützlich. Darüber hinaus bietet er dem Auge des Besuchers ein Landschaftsbild von heiterer Schönheit. Vom Kinnereth geht eine unendliche Zärtlichkeit aus. Als Paradies für die **Fischer** wimmelt es in ihm von Fischen.

Nach jüdischer Überlieferung, die in allem zur Legendenbildung neigt, wird in einer ungewöhnlichen Geschichte erzählt, daß die Fische des Toten Meers eines Tages beschlossen hätten, sich im See Genezareth aus Furcht vor einem apokalyptischen Ende anläßlich der Zerstörung von Sodom und Gomorrha anzusiedeln.

Unter den Fischern des Sees hat Jesus seine ersten Jünger gefunden, Simon und Andreas, die er zu Fischern von Menschen bekehrte. Am Nordufer des Sees Genezareth liegt ein Dorf: Kapernaum. Dort hatte sich Jesus niedergelassen und dort eine seiner einleuchtendsten Predigten gehalten. Dort auch soll er den Knecht des römischen Hauptmanns geheilt haben, der zum Dank die prächtige Synagoge erbauen ließ, die sich inmitten des Ortes erhebt.

Ein wenig weiter im Norden liegt **Tabgha**, wo sich der Überlieferung nach die Vervielfältigung der Brote und Fische abgespielt haben soll. Mosaikpflaster byzantinischer Herkunft haben bestimmt als Boden einer alten Kirche gedient, die am Ort dieses Wunders errichtet wurde. Ganz in der Nähe des Ufers, die Höhenzüge um den See überragend, erhebt sich der **Berg der Seligpreisungen**, den der Überlieferung nach die Christen als den Ort verehren, an dem Jesus die Bergpredigt gehalten hat: »Selig sind, die da geistig arm sind; denn das Himmelreich ist ihr.«

Der See Genezareth (*oben*) Tabgha – Mosaikboden (*unten*)

Stadtmauern von Tiberias (*oben links*)   Galiläische Fischer (*unten links*)   Kirche am Berg der Seligpreisungen (*oben rechts*)   Der See Genezareth (*unten rechts*)

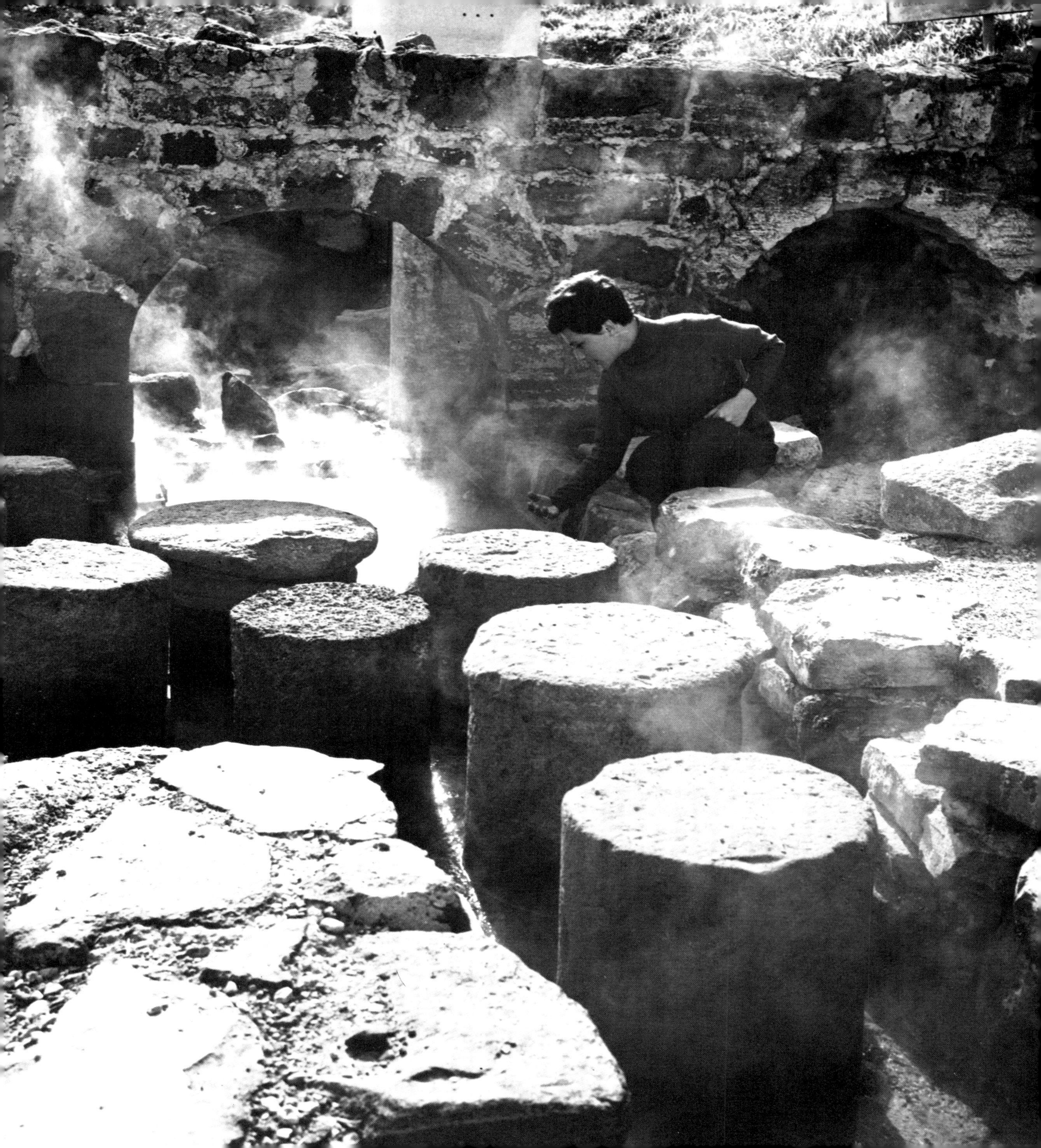

Galiläa und der Norden des Landes

Östlich des Berges der Seligpreisungen breitet sich **das Tal von Hittim** gegen einen Hintergrund zerklüfteter Felsen aus. Im Jahr 1187 wurde dem Heer der Kreuzritter durch die Krieger Saladins eine vernichtende Niederlage beigebracht. Dort ging das Heilige Kreuz verloren, dort auch wurde der tapfere König Guy de Lusignan gefangengenommen.

Dort liegt Jethro, Schwiegervater des Moses, begraben. Aus diesem Grund versammeln sich in den Schluchten von Hittim vor dem Grabmal jenes Mannes, den sie als ihren unmittelbaren Vorfahren ansehen, die Drusen Israels alljährlich bei einer Pilgerfahrt.

Die Bibel selber bezeichnet Jethro als den Vorfahren der kenitischen Nomaden. Sie spricht tatsächlich von diesen Nomaden als »umherwandernd im Emek Jesreel«. Auf jeden Fall sind sich die Fachgelehrten darin einig, die in Israel lebenden Drusen als unmittelbare Nachkommen jener Beduinen anzuerkennen, von denen in der Heiligen Schrift die Rede ist.

Am 15. August, dem angeblichen Geburtstag Jethros (oder Nebi Shaibs), findet vor dem Heiligtum von Kfar Hittim das große Treffen der israelischen Drusen statt.

Man sollte jedoch Tiberias und seine Umgebung nicht ohne einen Ausflug zu den **heißen Quellen** verlassen, wo bereits zur Zeit der antiken Stadt des Herodes alte, leidende Römer ihre Füße in das Wasser tauchten. Die Überlieferung im Heiligen Land hat ein langes Leben. Noch immer spricht man im ganzen Land von den Hame Tveria (den warmen Quellen von Tiberias). Sie dienen häufig auch als Anregung für humoristische israelische Sketche. Wie sich dies alles auch verhalten mag, sie

Tal von Hittim

sind zum vielgepriesenen und fast magischen Elixier für rheumatische Beschwerden geworden.

Worin ist der Ursprung dieser Eigenschaften zu suchen? Warum besitzt Tiberias solche wohltuende Quellen? Darauf mag es viele Antworten geben. Aber die Mystiker und die Weisen des Judentums sind überzeugt, daß Tiberias seine wundertätigen und heilenden Eigenschaften der Nähe des Heiligtums des berühmten Kabbalisten Rabbi Meir Baal Haness (Meir Meister des Wunders) verdankt.

Es trifft zu, daß das Leben des Rabbiners Meir eine einzige ununterbrochene Folge von Wundern darstellt.

Tiberias – Die heißen Quellen

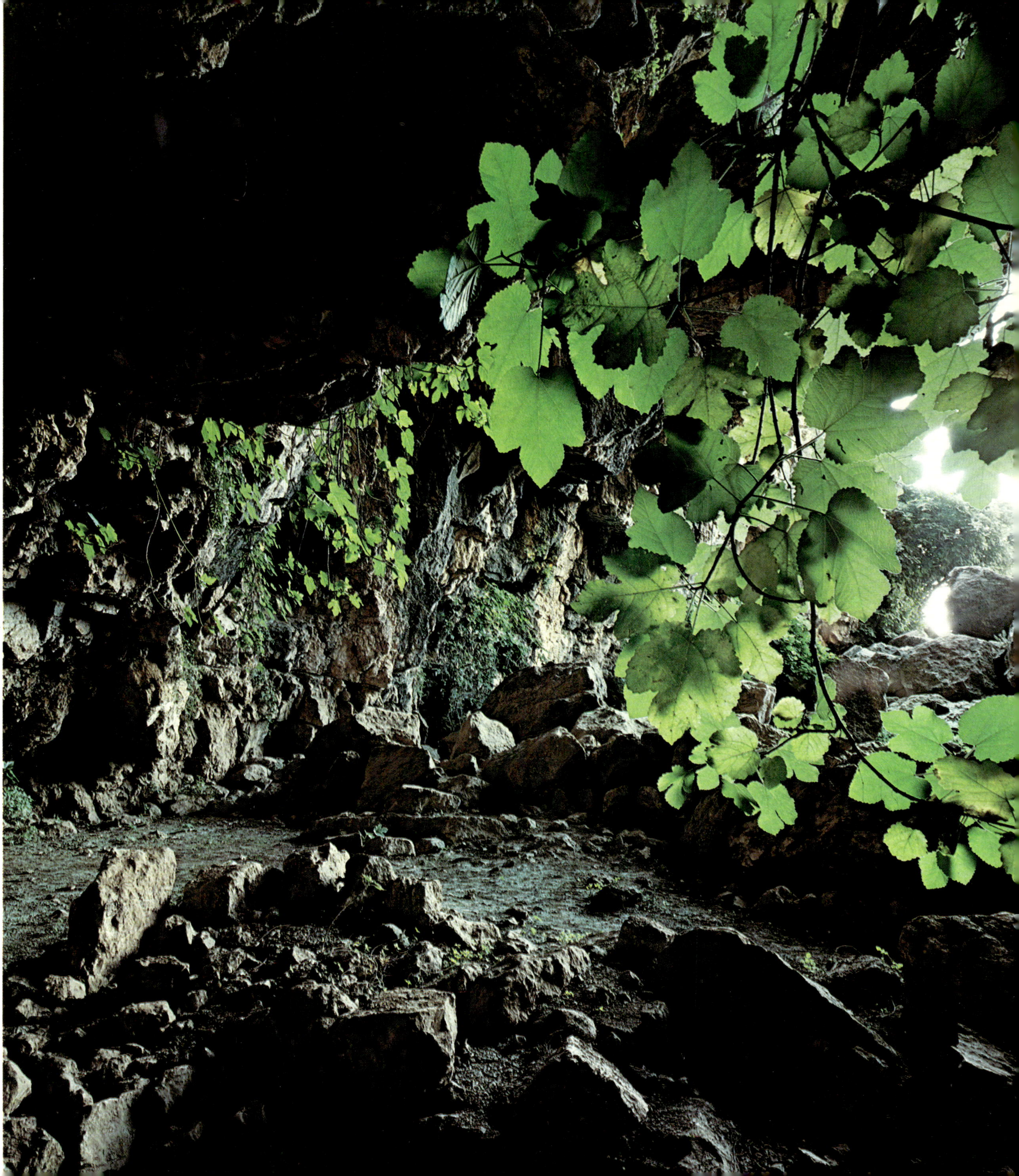

Inmitten der alten Stadt zeugt eine heilige Gedächtnisstätte für die berühmten Doktoren des jüdischen Rechts – so des Rabbiners Akiba oder des großen Maimonides – von der außerordentlichen geistigen Ausstrahlung, die nach der Zerstörung Jerusalems von Tiberias ausging. In Tiberias war der Sitz des Sanhedrin, der alten und obersten richterlichen und gesetzgebenden Institution. Hier wurden die Mischna und die Gemara, aus denen sich der Talmud zusammensetzt, vervollständigt, überarbeitet und geordnet.

Gleichfalls nach Tiberias kamen im Jahr 614 n. Chr. die jüdischen Freiwilligen während des persischen Feldzugs, der durch den Fall Jerusalems, das sich in den Händen der Byzantiner befand, beendet wurde. Dort lehrte auch der feurige Rabbiner Akiba, ein Mann der Linken, bevor es diesen Begriff gab, ein Gegner der Kaiser, von dem die jüdische Legende berichtet, daß er ebenso lang gelebt hat wie Moses und Hillel: hundertundzwanzig Jahre. Die Unterstützung, die er dem heldenhaften Aufstand Bar Kochbas lieh, brachte ihm die Todesstrafe ein: die Römer zogen ihm bei lebendigem Leib die Haut ab. Dieser Tag, so fügt die Legende hinzu, war der von Jom Kippur, der Tag der großen Sühne.

Nördlich des Sees Genezareth entspringt an den Hängen des Berges Hermon unter seiner schimmernden Schneekrone der **Banias**, einer der drei Zuflüsse, die sich vereinen, um den Jordan zu bilden.

Aus der **Grotte des Banias**, so genannt, weil sie den örtlichen Gottheiten als Weihestätte diente, die die Griechen mit Pan gleichsetzten (daher Panias, aus dem bei den Arabern Banias wurde, da diese den Buchstaben »p« nicht kennen), entspringt der Fluß wie ein Wildbach, wird plötzlich sehr viel sanfter und ergießt sich schwungvoll in den See Genezareth.

Zu Beginn des christlichen Zeitalters erhob der Tetrarch Philipp, Sohn des Herodes, Panias zur Hauptstadt von Galiläa. Er taufte es das »Caesarea Philippi«, um es damit von dem »Caesarea am Meere« zu unterscheiden. Und wenn in den Disputationen über den Talmud die Rechtsgelehrten von Quisarijon sprachen, so dachten sie an dieses kleine Caesarea Philippi.

Banias gehört zu den von Jesus und seinen Jüngern besuchten Stätten. Man hat in diesem Gebiet einige archäologische Ausgrabungen vorgenommen und in der Nähe des Eingangs zur Grotte **in die Felswand gehauene Nischen** entdeckt. Es gibt allen Grund zur Annahme, daß die Überreste aus der römischen Epoche, die häufig an der Oberfläche sichtbar sind, von Bauten des Herodes oder Philipps stammen.

Werfen wir, bevor wir weitergehen, einen letzten Blick auf das westliche Ufer des Sees Genezareth, genauer auf Bet Jerasch. Dieser Palmenhain trägt den Namen Rachels, einer der gefühlvollsten Dichterinnen Israels. Obwohl jung gestorben, ist Rachel Blaustein (1890–1931) dennoch innerhalb einiger Jahre zu einem Symbol und einem Signal geworden. Ihre Dichtung ist von bebendem Leben erfüllt wie die Bäume, die sie besungen hat. Die Bäume, die Arbeit, die Liebe zur Erde, die Schönheit ihres Sees »und vielleicht hat dies alles niemals existiert?« fügt sie hinzu.

Das Volk kennt ihre Verse auswendig. Sie waren die Beglückung und die Hoffnung einer ganzen Generation von Pionieren. Heute bilden die gleichen Lieder den Mittelpunkt der abendlichen Veranstaltungen israelischer Schüler:

> *Ich habe dich nicht besungen, mein Land,*
> *Deinen Namen nicht verherrlicht*
> *Durch heroische Taten,*
> *Durch die Beute der Schlachten.*
> *Nur einen Baum haben meine Hände*
> *An den Ufern des Jordans gepflanzt.*
> *Nur einen Pfad haben meine Füße*
> *Durch deine Felder getreten.*

Banias – In die Felswand gehauene Nischen

Kibbuz Ein Machoresch – Der Kindergarten

Traktoren in einem Kibbuz

Kibbuz Karmija – Die Mahlzeit

1909 war in Palästina das Jahr, in dem eine Handvoll Juden aus Jaffa beschloß, angelehnt an ihre Stadt, die in extremster Weise moderne Stadt des Landes zu erbauen: das allzu europäische Tel Aviv. Im gleichen Jahr gründeten träumerische Pioniere, die sich nach einer Welt in Tolstois Sinn sehnten, an den Ufern des Sees Genezareth Deganja. Damit war der erste **Kibbuz** geboren.

Von den sinnenfreudigen Versuchungen der Stadt befreit, mehr oder weniger dem schädigenden Kontakt mit dem Geld entzogen, von den schweren Ketten der jüdischen Familientradition des Schtetl, des ehemaligen Getto, gelöst, entfloh der Kibbuznik aus eigenem Entschluß dem fieberhaften Treiben der Großstadt, um sich der bukolischen Liebe zur Erde hinzugeben. Es handelte sich darum, körperlich diese Rückkehr zur Erde durchzuführen, von der A.D. Gordon sprach, einer der Urheber jener gewissen Mischung von Zionismus und Sozialismus, Chefideologe des Kibbuz von Deganja.

Akademiker verbrannten ohne großes Bedauern ihre Diplome und tauschten ihre Federhalter gegen landwirtschaftliche Geräte aus. Professoren verließen ohne langes Zögern ihren Lehrstuhl, um den Umgang mit einem Traktor zu erlernen. Schon damals mußte die Lebensweise geändert werden; die soziale Revolution war auf dem Marsch, und die Landwirtschaft des Landes brauchte mehr Arme als Köpfe.

Diese Revolution hat einen Namen: der Kibbuz. Von der stalinistischen Entwicklung in der bolschewistischen Revolution enttäuscht, an der manche von ihnen teilgenommen hatten, wollten die Kibbuznikim in der Praxis zeigen, daß die Verbindung von Sozialismus und Freiheit möglich sei. Der Stalinismus hatte ihren Glauben nicht getötet.

Was ist der Kibbuz? Als sozialer Mikrokosmos stellt er eine Gemeinschaft dar, in der sich der Sozialismus von morgen und insbesondere die soziale Gerechtigkeit entwickeln. Es handelt sich um ein kleines landwirtschaftliches oder industrielles Kollektiv, wo niemandem etwas gehört, hingegen alles dem Kollektiv. Dort gilt der Individualismus nichts. Geld ist dort etwas Schändliches, falls nicht überhaupt unbekannt. Im Wörterbuch des Kibbuz findet sich das Wort Autorität nicht, wenn auch das der Disziplin hineingehört. Alles, was mehr oder weniger an die bürgerliche Welt erinnert – von der Kleidung bis zur Krawatte – hat im Kibbuz nichts zu suchen. Die Erziehung der Kinder, weiterhin die mutigste Neuerung des Kibbuz und gleichzeitig die umstrittenste, ist Angelegenheit der ganzen Gemeinschaft.

Kommunisten? Die Pioniere des Kibbuz zitieren häufiger den Propheten Jesaja als den Verfasser des »Kapitals«.

Genauer betrachtet, gehört der Kibbuz zu jenen Dingen, von denen Shakespeare gesagt hat, sie seien aus »dem Stoff, aus dem die Träume sind«. Der Kibbuz ist ein Traum, der verwirklicht wurde. Eins dieser irrealen Dinge. »Vielleicht«, sagt Amos Oz, ein Schriftsteller, der im Kibbuz Hulda in der Nähe von Rechovot wohnt und insbesondere von der französischen Kritik als ein israelischer Camus gefeiert wurde.

Seitdem weiß der ganze Kibbuz, daß die Fanfaren des Ruhms für diesen Avantgardisten der Literatur erklungen sind, der so ziemlich in der ganzen Welt übersetzt wurde. Dennoch hat sich im Alltagsleben dieses Schriftstellers nichts geändert, es sei denn, daß die Hauptversammlung anerkannt hat, er habe Anspruch auf eine Schreibmaschine und ein Einzelzimmer für seine nächtlichen Meditationen.

Heute leben 85 000 Israelis in fast 250 Kibuzzim. Sie stellen gewiß nur 4 Prozent der Bevölkerung des Landes dar, tragen aber in einem Verhältnis von 12 zu 100 zum Bruttosozialprodukt Israels bei. Im übrigen ist der Einfluß des Kibbuz in allen Bereichen des Lebens in Israel ganz gewiß sehr viel bedeutender als jener Bruchteil, den er in bezug auf die Gesamtbevölkerung darstellt. Dies gilt zum Beispiel auch für seinen beträchtlichen Beitrag zur Landwirtschaft, wie ihn die verschiedenen Kulturen bezeugen, die sich in fantastischen geometrischen Mustern unterhalb des **Tells von Megiddo**, der über dem Tal von Jesreel aufragt, hinziehen.

Der Tell von Megiddo und das Tal von Jesreel

Jeder der Kibbuzim – die zwischen sechzig und sechstausend Angehörigen zählen – ist mehr oder weniger offiziell der einen oder anderen der zahlreichen Parteien auf dem politischen Schachbrett Israels angegliedert. Sogar die religiös eingestellten Parteien haben ihre eigenen Kibbuzim. Die politischen, wirtschaftlichen und sozialen Vorstellungen sind in allen Kibbuzim des Landes nicht die gleichen. Die Ideologien schaffen zuweilen unüberbrückbare Rivalitäten. Dennoch gibt es innerhalb des Landesverbandes der Kibbuzim, in dem alle zusammengeschlossen sind, eine Koexistenz, die auf einem guten Einvernehmen beruht.

Eine in sich erstarrte Gesellschaft? Ganz im Gegenteil. Der Kibbuz, eine andere Gesellschaftsform, wandelt sich mit jedem Tag. Pragmatisch berichtigt er jedesmal, wenn er den Eindruck hat, einen falschen Weg eingeschlagen zu haben, den Kurs. Niemals hat das Grundsätzliche Vorrang vor dem Menschen. Wenn er nicht das Glück und die Befreiung des Individuums zustandebringt, dann liegt der Fehler im Grundsätzlichen. Daher arbeitet der Kibbuz immer wieder seine Strukturen um, verwandelt sich und versucht, sich den zahllosen Forderungen einer in stetiger Mutation befindlichen Gesellschaft anzupassen.

Er hat sich zuweilen, wie es heißt, rasch aber nicht ohne Knirschen im Getriebe, in ein industrielles Unternehmen verwandelt.

Das Sperrholzwerk des Kibbuz von Afikim, das das aus Afrika importierte Holz bearbeitet, ist eins der bekanntesten im Land. Häufig betreibt der Kibbuz auch luxuriöse Motels mit Schwimmbad und Bungalows für wohlhabende Bürger aus der Stadt, die dort ihr Wochenende verbringen (Ajeleth Haschachar oder Bet Oren in Galiläa). Soviel über das Wirtschaftliche. Aber was nun das geistige Abenteuer dieses »Königreichs der Utopie« betrifft, so geht es weiter. In diesem Königreich nehmen junge Studenten auf der Suche nach sich selber, Bürger, die sich der Tyrannei ihres Alltags entziehen, statt eines **Wochenendes auf Skiern am Berg Hermon**, an der **Baumwollernte** teil, die im Kibbuz zu einem echten Fest wird.

Gewisse Soziologen, Israelis und andere, haben sich in jüngster Zeit mit dem Gesundheitszustand des Kibbuz befaßt. Einige unter ihnen sprechen von Gesellschaften in einer Krise und von sozialistischen kleinen Inseln in einem kapitalistischen Meer. Der französische Soziologe Georges Friedmann glaubt weiterhin –

Skiläufer am Berg Hermon

Die Baumwollernte

nach vielen Befragungen – an den schönen Traum der Propheten des Kibbuz.

Ein anachronistisches Unternehmen? Eine Etappe in der landwirtschaftlichen Besiedelung Israels? Die wahnwitzige Begeisterung einer wahnwitzigen Jugend? In Wahrheit sucht der Kibbuz noch immer nach dem rechten Weg, und seine wesentliche Sorge besteht darin, unterwegs seine Seele zu verlieren oder die Freiheit zu verraten. Einzigartig und beispielhaft sucht er jeden Tag von neuem sich selber, und sein einziges Anliegen ist, die Ideologie in den Dienst des Menschen zu stellen und nicht umgekehrt.

Tatsächlich hat diese Stadt der »Kinder des Traums« noch nicht ihr letztes Wort gesprochen.

Der Berg Hermon (*oben rechts*)   Baumwollfeld in Israel (*unten rechts*)

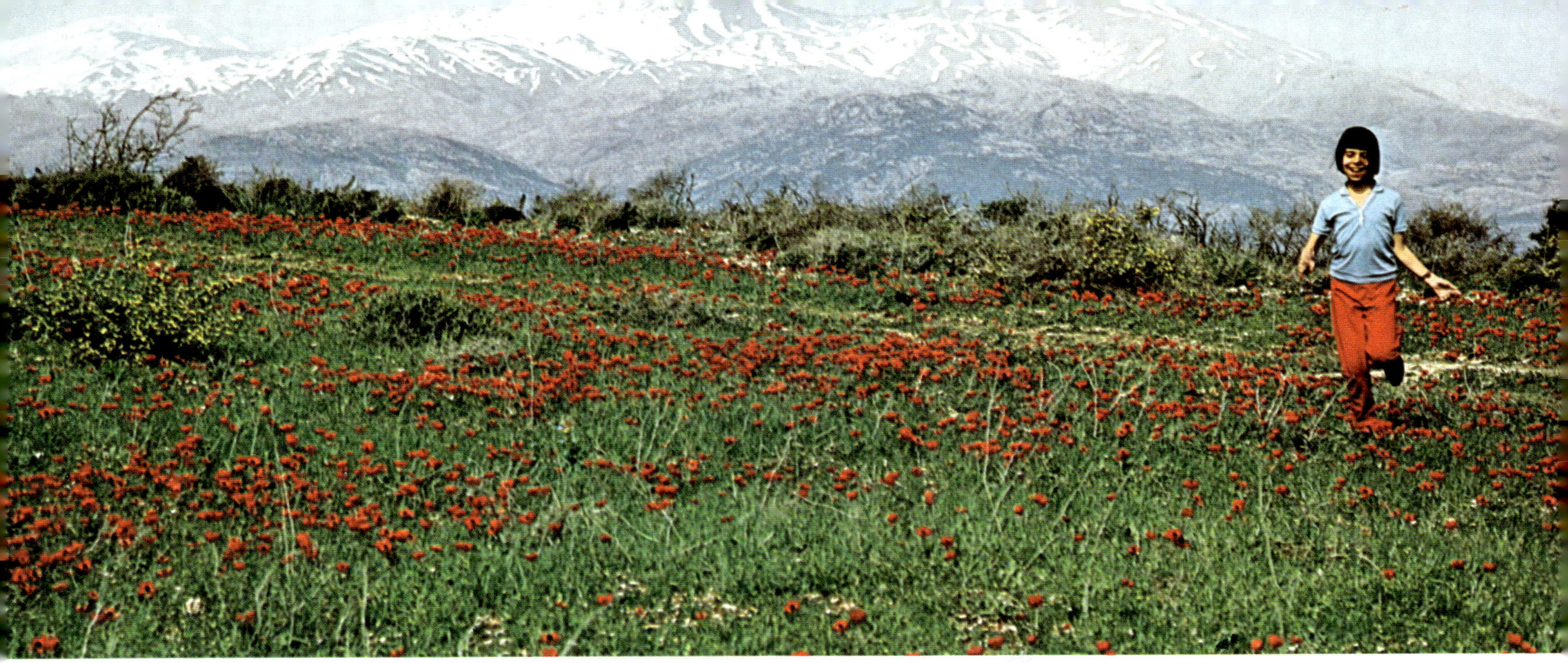

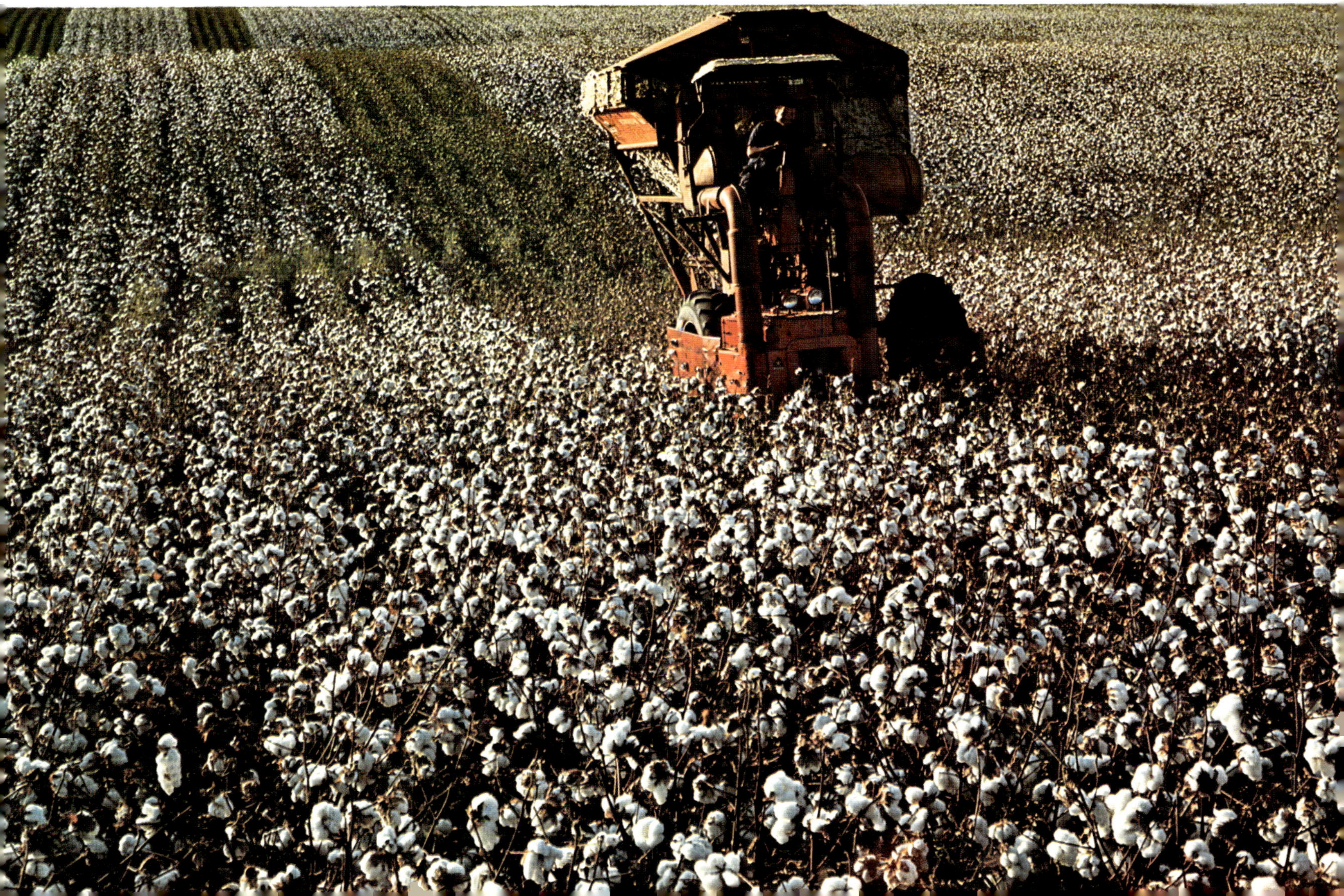

Trotz seiner unvermeidlichen Wandlungen bleibt der Kibbuz doch, ob er will oder nicht, die schönste Zierde – aber nicht die einzige – des zionistischen Abenteuers. Er ist auch der Prüfstein der israelischen Landwirtschaft und das Reservoir, aus dem das Land seine Führer, seine bedeutenden Menschen und die Köpfe des Staates schöpft.

Jetzt, wo die moderne über-industrialisierte Stadt des Westens immer mehr einem Ungeheuer aus Beton, Rauch und Lärm ähnelt, jetzt auch, wo die städtische Umwelt als feindselig und bedrückend empfunden wird, will der Kibbuz darin fortfahren, nur für das Glück des Menschen in sozialer Gerechtigkeit, Gleichheit, Freiheit und in von Liebe erfüllter Übereinstimmung mit einer freundlichen Natur zu wirken.

Auf der Ebene von Hule oder weiter unten im Tal von Jesreel bieten die Felder der Kibbuzim ein liebliches Bild. Man muß auf die Höhe des Berges Hermon steigen (2814 m), um das Ausmaß der Arbeit dieser Menschen abschätzen zu können. Man muß auch, und wäre es nur einmal, an der Ernte im Kibbuz teilgenommen haben, die mit Tanz und Frohsinn gefeiert wird, um zu begreifen, daß die harte Arbeit hier mehr als Freude ist. Sie ist Gesang. Sie ist Erlösung. Das jüdische Volk, in früheren Zeiten daran gewöhnt, die Augen zum Himmel zu heben, auf der Suche nach einem sich immer mehr entziehenden Messias, hat plötzlich den herben Geschmack der Erde wiederentdeckt. Und es liebt ihn.

Im Schatten der **Golan-Höhen** fließt **der Jordan**, »gelber Fluß, fast ohne Bewegung«, voller Ruhe dahin, ein Wasser, das Chateaubriand als dickflüssig empfand. Er bleibt den Veränderungen und den wilden Pulsschlägen des Landes gegenüber gleichgültig, eines Landes, das jeden Tag von neuem gestaltet wird. Gemächlich, fast feierlich ernst, fließt er dahin und wirft sich schließlich, erschöpft von seinem langen Weg, in die trüben Wasser des Toten Meeres.

Die Golan-Höhen (*nebenstehend*)
Der Jordan (*rechts*)

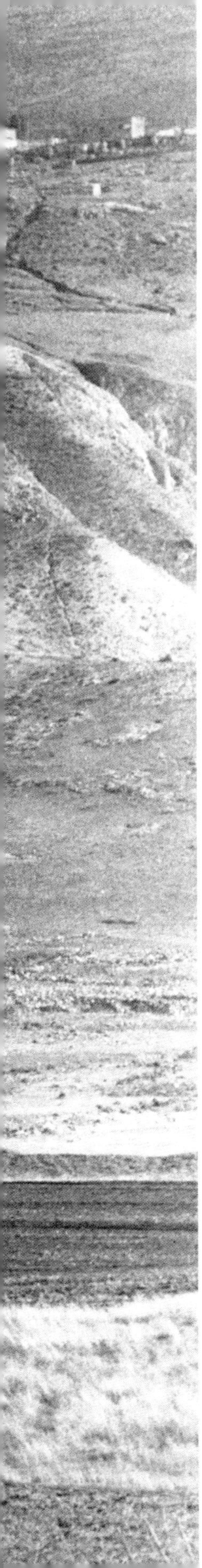

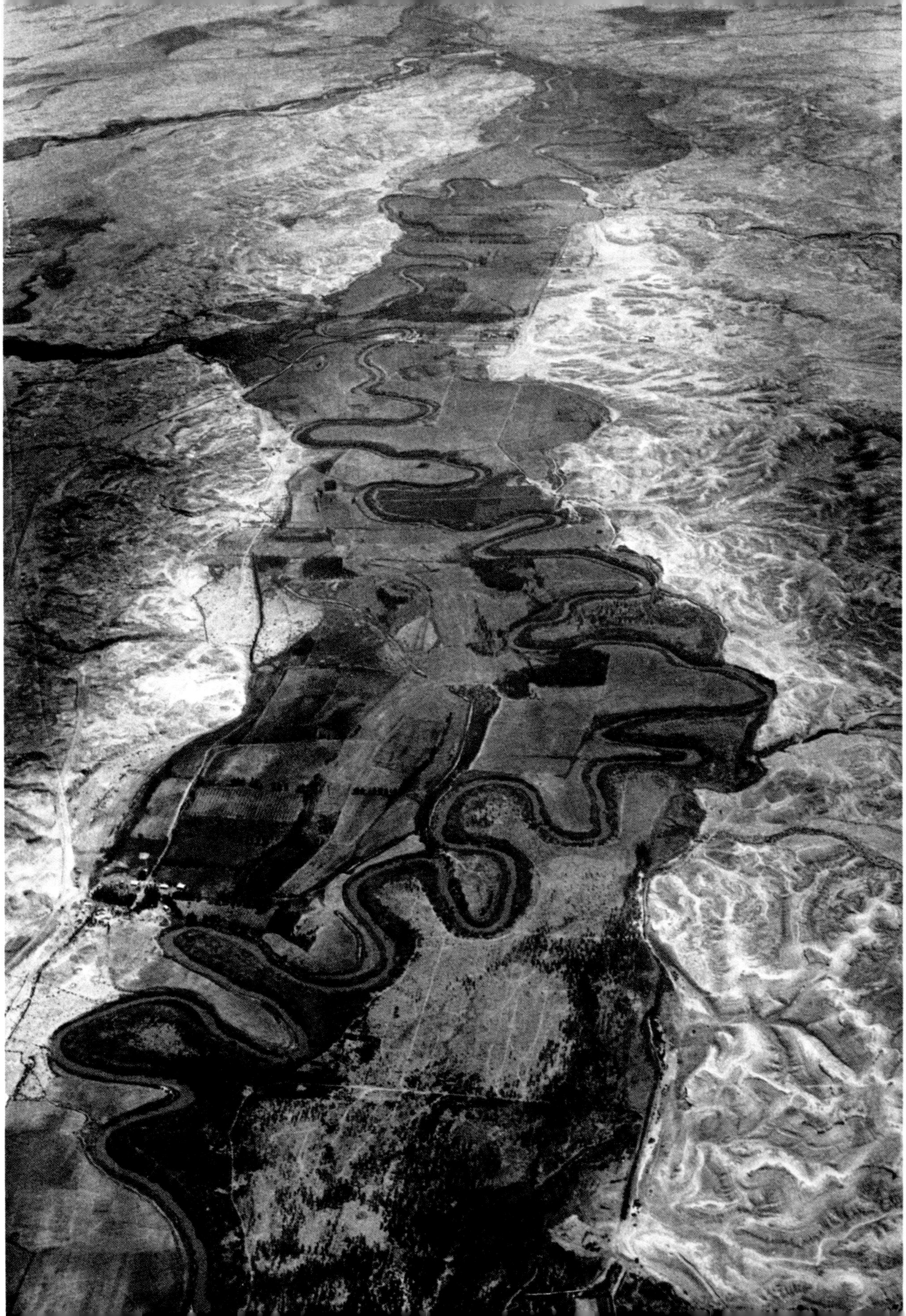

3 · 4
Jerusalem

>»Zehn Maße der Schönheit sind auf die Welt gefallen: Jerusalem hat sich davon neun genommen. Die ganze Welt, eins.«
>
>Der Talmud,
>Traktat des Kidduschin 49b

Jerusalem – Die Stadtmauern

Sie gibt sich nicht jedem Beliebigen hin. Ihr Name brennt auf den Lippen ihrer Liebhaber. Seit vier Jahrtausenden entfesselt sie die Leidenschaften. Herzen sind dort gebrochen; Berufungen wurden dort geboren. Diese Stadt ist nicht wie die anderen Städte. Niemand vermag dort Tourist zu sein, ohne zugleich auch zum Pilger zu werden. **Jerusalem** besucht man nicht: man »steigt zu ihm hinauf«. Kreuzweg der großen Religionen des Einen Gottes, ist sie Apotheose und der Endzweck jeder Reise.

Alles trägt hier dazu bei, aus dieser Stadt etwas »anderes« zu machen. Kein Fluß bespült sie. Man findet kein Tal, das dort mündet. In sich zusammengezogen. Einsam. Zuweilen wild. Jedoch mystisch. Ort der Anbetung, der Betrachtung und des Gebets. Stadt der von Gott Besessenen. Hier sind die Bettler Fürsten, und die Propheten haben sich leidenschaftlich für die Gerechtigkeit eingesetzt. Hier wurde alle Weisheit geboren: »Aus Zion wird das Gesetz kommen und aus Jerusalem das Orakel des Herrn«, sagte Jesaja, Prophet des Zorns.

Ihre Geschichte beginnt mit der Geschichte der Menschen. Um Jerusalem zu schildern, hat man alle bildlichen Ausdrücke erschöpft: Thron des Herrn, Nabel der Erde, Königin der Städte, Hauptstadt des Universums. Sie hat auch den Zorn der »Plünderer der Welt« über sich ergehen lassen. Vier Jahrtausende unaufhörlicher Besetzung, abwechselnd babylonisch, griechisch, römisch, byzantinisch, persisch, muselmanisch, ottomanisch und britisch...

Die Altstadt und die El-Aksa-Moschee

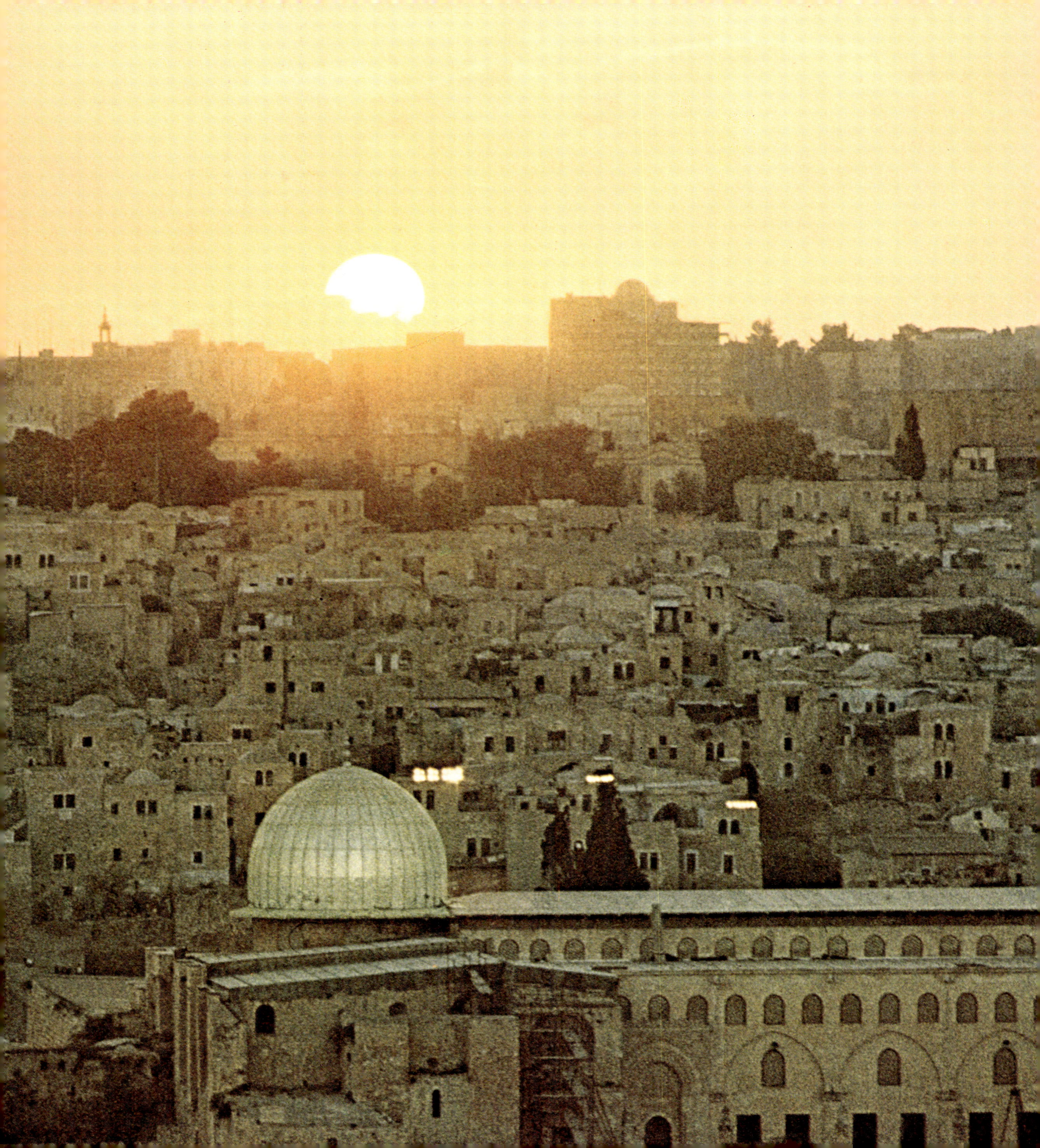

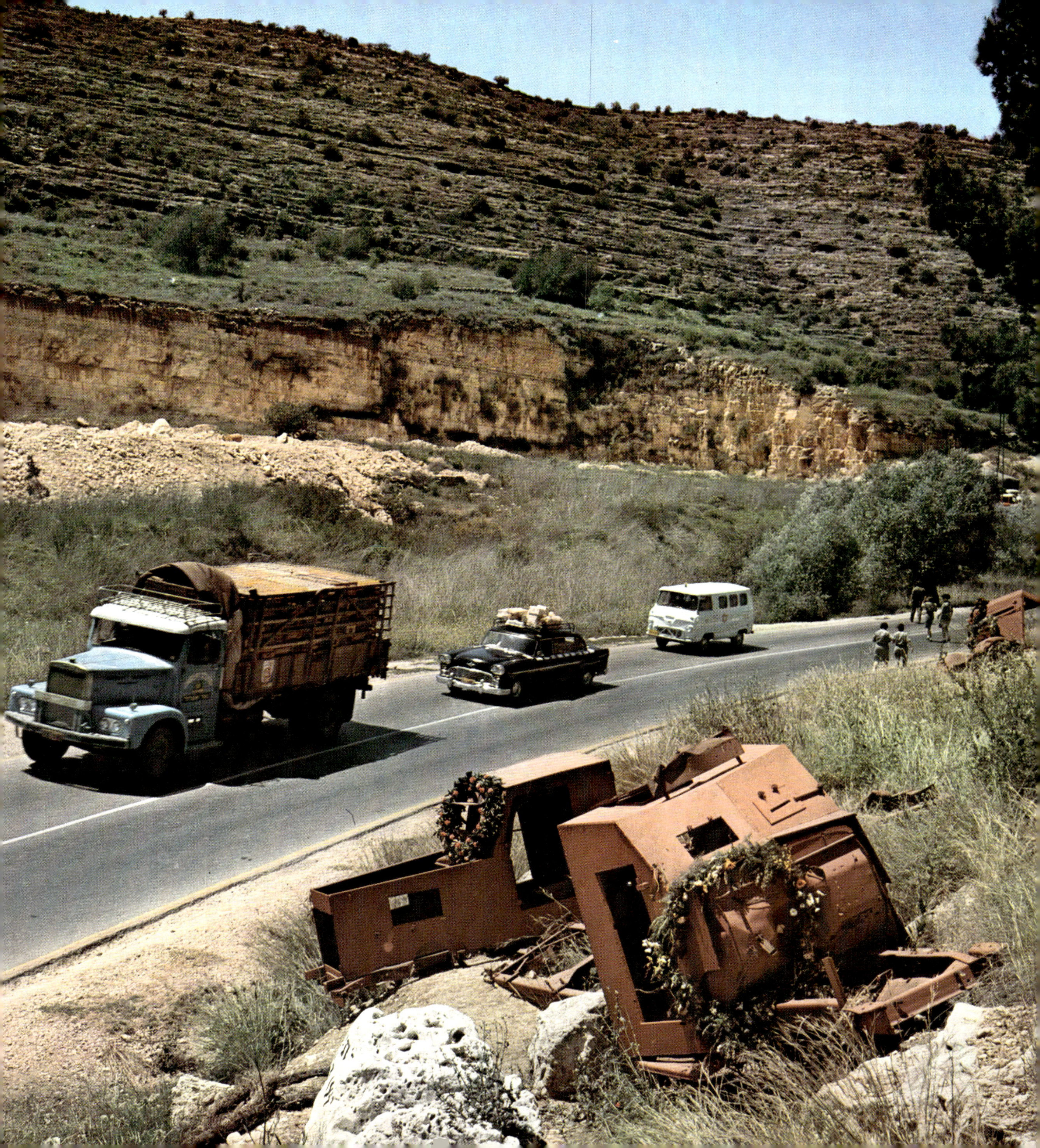

Jerusalem, ökumenische Stadt

Als Hauptstadt von Davids Königreich (1000 v. Chr.) beherbergte Jerusalem auf dem Berg Zion die Bundeslade mit den Tafeln des Gesetzes und des Bundes. Stadt des Tempels Salomon, in dem die großen Propheten Israels Gerechtigkeit und Gleichheit predigten. Ort der Kreuzigung Christi und Schauplatz seiner Via Dolorosa. Heilige Stadt der Mohammedaner, die sie für den Ort halten, von dem aus Mohammed auf seiner Eselin Burak »zum Himmel aufgestiegen« sein soll. Heimat der drei großen monotheistischen Religionen. Stadt der Ökumene.

Im alten Königreich Israel waren die Juden verpflichtet, sich dreimal im Jahr als Pilger nach Jerusalem zu begeben: zu Ostern, das Fest zur Erinnerung an den Auszug aus Ägypten; zum Sukkoth, einem Fest, das an die provisorischen Laubhütten erinnert, die den Juden während ihres Auszugs in der Wüste als Unterkunft dienten, und zum Schawuoth, zur Erinnerung an die Verkündigung der Zehn Gebote am Berg Sinai.

Diese Tradition ist bis heute erhalten geblieben.

Am Rand der Straße, nicht weit entfernt vom Latrun-Kloster, ausgebrannte Panzer. Einige Kränze mit verwelkten Blumen. Stücke der Straßendecke, die noch an den Böschungen hängen. Armselige Trümmer, die den Besucher Jerusalems an den Tod jener jüdischen Soldaten im Jahr 1948 auf dieser **Straße der Tapferkeit** erinnern sollen, die versuchten, die Heilige Stadt mit Lebensmitteln zu versorgen.

Einige Kilometer von dort entfernt ragen schlanke Stahlgebilde empor und kratzen den Himmel. Es handelt sich um eine Skulptur, die sehr schlicht alle, die Jerusalem betreten, an die Opfer und das Heldentum der Juden erinnert. Rings um diese Straße der Tapferkeit und dieses Denkmal, Zeugen der jüdischen Geschichte, halten sechs Millionen Bäume auf den Bergen Judäas die Erinnerung an jene sechs Millionen Tote mit ihren Wurzeln fest, die in den Lagern eines wahnsinnig gewordenen Europa, in den Verbrennungsöfen einer Welt, die den Verstand verloren hatte, hingemordet wurden.

Plötzlich verwandelt sich die Landstraße hinter den steilen, mit knorrigen Kiefern gekrönten Felsen in eine breite Straße. Einige Anhalter, zumeist Soldaten. Die ersten Gebäude Jerusalems aus rosa Stein tauchen auf. Durch eine Verordnung aus der Zeit des britischen Mandats sind die Architekten verpflichtet, für alle Bauten der Stadt nur den Stein von Jerusalem zu verwenden. Dieser Stein ist ein Teil ihres Mysteriums. Der Eindruck der Ewigkeit, der von der Stadt ausgeht, entsteht gerade durch die Verbindung ihrer Steine mit ihrem Licht.

Das reine, starke, gleißende, läuternde Licht. Es hebt die Konturen der Geschöpfe und der Dinge hervor, seziert sie fast. Es macht die wesentliche Wahrheit sichtbar.

Am Rand der Straße

Das allzu heitere Blau des Himmels verbindet sich mit dem leuchtenden Schimmer dieser Steine, die nicht altern, um von der niemals unterbrochenen Gegenwart zu zeugen: der Gegenwart Gottes. Gott, dessen Atem, wie es in der Überlieferung heißt, in dem leichten Wind ausströmt, der das Laub der Olivenbäume bewegt.

Die Straße der Tapferkeit

Unberührt von dem heftigen Pulsschlag des modernen Jerusalem, in sich selber zurückgezogen, abweisend und gequält, zerrissen und dennoch glücklich, das ist ein Königreich im Herzen der Stadt, **Mea Schearim** (Hundert Tore). Die Straßen dieses Stadtteils tragen nicht die Namen zionistischer Führer wie sonst überall im Land. Hier huldigt man Königen, Propheten, Weisen und Rechtsgelehrten. Eine feste Burg des orthodoxen Judentums ist Mea Schearim eine Art Kleinstadt, in der fromme Greise, bleiche Studenten und Frauen eines anderen Jahrhunderts innigen Umgang mit dem Unaussprechlichen zu pflegen scheinen. Die Bewohner sind **Chassidim**, Anhänger jener Bewegung des »Umsturzes durch die Freude« des Chassidismus, im Osteuropa des 18. Jahrhunderts geboren. Man sieht sie ihren Arbeiten nachgehen oder mit staatsbürgerlichen Aufgaben beschäftigt. Verkäufer von Felaffels (eine Art kleiner Brotfladen, mit stark gewürzten Klößchen gefüllt) oder von kultischen Gegenständen, Verleger frommer Bücher von Schriftgelehrten, Rabbiner oder Studenten, sie alle finden sich am Abend zur Stunde des Gebets des *Maarib*, auf den in Halbdunkel getauchten Bänken der *Jeschibot* (Talmud-Schulen) ein und geben sich dem Pilpul und dem Studium hin. Wissen Sie nicht, welches ihr Ziel ist? Es macht nichts! Diese wissen es. Jeden Abend haben sie eine Begegnung mit dem Absoluten.

Am Freitag in der Dämmerung, oder genauer, wie sie es gern nennen, »Ben Haschemaschot« (zwischen zwei Sonnen), in dieser unvergleichlichen Stunde, in der Jerusalem den Atem anzuhalten scheint, ändert sich das Aussehen dieses Stadtviertels. Es ist Sabbat. Eine Stadt und ein Volk bereiten sich darauf vor, ihre eintägige Vereinigung mit Gott feierlich zu begehen. Die Chassidim begeben sich in ihren Kaftanen aus weißer Seide, mit ihren runden Hüten aus Fuchsschwänzen (den Stremeln), von inneren Träumen erleuchtet, zu den Stätten des Gebets.

Hier ist eine Enklave der Ewigkeit. Richtiger, der Hoffnung.

Und sollten Sie, skeptisch oder beunru-

Jerusalem – Mea Schearim, das Viertel der Chassidim

Chassidim an der Klagemauer. Im Hintergrund die Altstadt

higt, mit dem Blick zur Erde gewandt dort gehen, wird sich stets ein alter Chassid finden, der Sie anspricht und zu Ihnen sagt: »Blick doch zum Himmel. Der Blick des Menschen ist dafür geschaffen, sich nach oben zu richten, Traurigkeit ist Sünde«, oder: »Die größte Sünde des Geistes der Versuchung besteht darin, den Menschen zu überzeugen, daß er kein Fürst ist«.

Bis zum Jahr 1967 mußten die Bewohner des jüdischen Jerusalem den Turm des YMCA oder den höchsten Punkt des Stadtviertels Talpioth (ehemaliger Schlupfwinkel von Dieben, heute ein Viertel der Reichen) besteigen, um ihren Blick über den östlichen Teil der Stadt schweifen lassen zu können. Zwischen der Rehov Yafo mit ihren europäisierten Geschäften und den Gassen der Altstadt befindet sich das Mandelbaumtor. Dort verlief die Grenze, die diese Stadt, deren Name Friede bedeutet, teilte.

Seit dem 10. Juni 1967 ist Jerusalem erneut vereint. Wer die Tränen der Soldaten und Kinder gesehen hat, die auf der Straße entlanglaufen, die das Tal des Hinnom durchquert, über den Berg Zion führt und am Kotel Hamaaravi endet, **der Westlichen Mauer, Klagemauer** genannt, wer die tiefe Ergriffenheit dieses Volkes gesehen hat, weiß, daß Jerusalem eine Einheit ist.

Jerusalem – Die Westliche Mauer, genannt Klagemauer

Junge Chassidim

Chassid während des Morgengebets

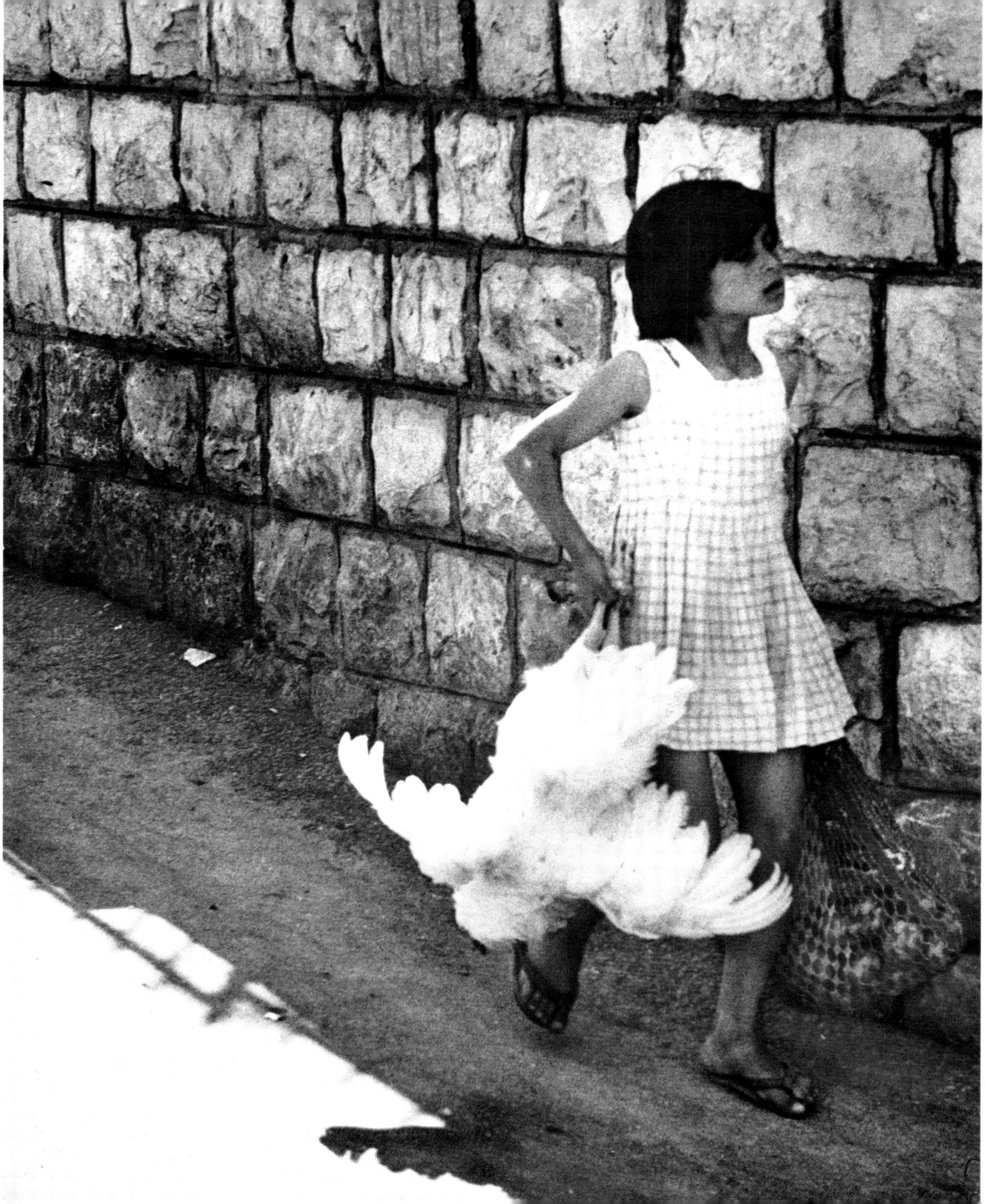

Jerusalem

Diese Mauer ist in gewisser Hinsicht Zeuge vergangener Größe und der Herrlichkeit Israels. Heute ist sie die Kollektiverinnerung eines Volkes. Einziger Überrest dessen, was der Tempel von Jerusalem gewesen ist. Auf dem Berg Morija hat nach der Überlieferung das Opfer Isaaks stattgefunden, dort ließ Salomo, tausend Jahre vor dem christlichen Zeitalter, ein Heiligtum für die Bundeslade errichten, das zur Stätte priesterlichen Dienstes und des Opfers werden sollte. Und die orthodoxen Juden denken ein wenig an jene Überlieferung, wenn sie am Vorabend des Kippurfestes Hühner opfern.

Im Jahr 587 v.Chr. befahl der König Nebukadnezar, die Stadt dem Erdboden gleichzumachen. Vor den Ruinen des Tempels brach Jeremias, ein feuriger Prophet, in den Ruf aus: »Wie vereinsamt liegt sie da, die einst so volkreiche Stadt.«

Und die Stimme der nach Babylon Vertriebenen antwortet ihm wie ein Echo: »Wenn ich dich vergesse, Jerusalem, soll meine Rechte mich vergessen.«

Diese Worte haben die Chassidim von **Mea Schearim** und die orthodoxen oder der Tradition verbundenen Juden in der ganzen Welt zu allen Gelegenheiten, in den glücklichen oder traurigen Stunden ihres Lebens wiederholt. Diese Art Treueschwur eines Volkes gegenüber einer leidenschaftlich geliebten Stadt wurde insbesondere am Tag der Trauer abgelegt, an dem die Juden der Zerstörung des Tempels gedenken.

Freude, Inbrunst, Ekstase, Gesang, Tanz und Gebet: davon leben die Chassidim Jerusalems – und zuweilen sterben sie auch dafür. Hier ist Gott kein Fremder, sondern ein Gefährte zu allen Zeiten, der zugleich vertraute und dennoch unnahbare Gott. Die Herren dieser Stadt sind die Armen, die sich freiwillig dafür entschieden haben, es zu sein. Die chassidische Tradition besingt und verherrlicht die Armut.

Jerusalem – Stadtviertel Mea Schearim

Junges Mädchen mit Huhn, das am Vorabend des Kippurfestes geopfert wird

Der Ölberg – Das Grabmal Absaloms (oben) und die Grabstätten der Richter (unten)

Unter Herodes dem Großen wurde, zu Beginn des christlichen Zeitalters, der zweite Tempel ausgebaut. Es handelte sich darum, ihn zum eindruckvollsten Heiligtum der Welt zu machen, zu einem Tempel, der Jerusalem angemessen war. Im Talmud heißt es darüber: »Wer das Bauwerk des Herodes nicht gesehen hat, hat in seinem ganzen Leben kein schönes Bauwerk erblickt.«

Auch **der Tempel des Herodes** sollte das Schicksal des Tempels Salomos kennenlernen. Titus und seine römischen Legionen steckten ihn in Brand. »Über meinen Tempel weine ich Tag und Nacht«, heißt es in einem der zahlreichen Klagelieder am Tag der Trauer in der Synagoge. Die Römer begnügten sich nicht mit Feuersbrunst und Plünderung; sie verwandelten den Tempel in Staub. Oder doch fast. Von ihm blieb nur die Westliche Mauer, die zum Herzstück und zur Erinnerung eines Volkes im Exil wurde, von einer Geschichte hin und her geworfen, deren Herr es nicht war. Die Steine dieser Mauer hatten eine Seele: sie zeugten über die Jahrhunderte hinweg von der Dauerhaftigkeit Israels. An diese Steine hat jede Generation der Juden gedacht, wenn sie neunzehn Jahrhunderte hindurch sagte: »Nächstes Jahr in Jerusalem.« Den Steinen dieser Mauer haben nach dem Krieg von 1947 Tausende von Israelis und einfacher Touristen in prosaischen Papierstückchen ihre Botschaften, ihre Wünsche oder ihre Gebete anvertraut.

»Es gibt Menschen mit einem Herzen aus Stein«, heißt es in einem populären Lied Israels. »Es gibt auch Steine mit den Herzen von Menschen.«

Im Angesicht dieser Mauer ermöglichen es, so heißt es in der Überlieferung, ergreifende Gesänge, Seufzer, Schreie der Freude oder Schreie der Liebe, geheimnisvolles Raunen oder Flüstern den Chassidim, »mit ihren Händen den göttlichen Thron zu berühren«.

Und gleichfalls im Angesicht der Mauer haben Generationen von Juden aus der Diaspora den Wunsch gehegt, auf dem Ölberg, den man von der Terrasse aus erblickt, ihren letzten Schlaf zu schlafen. Manche von ihnen haben ihre Kinder darauf sogar einen Eid ablegen lassen.

Am Fuß des Ölbergs erhebt sich, nur einige Meilen von der neuen Universität entfernt, **das Grabmal Absaloms**. Aus dem Gestein des Berges ausgehauen, ragt es mehr als zwanzig Meter empor. Ganz in der Nähe erhebt sich ein Mausoleum, das der Familie Hezir, deren Angehörige Priester waren, die im Tempel dienten. Dieses Grabmal betrachtet man nach allgemeiner Übereinstimmung als die Gruft Jakobs, des Bruders Jesu, des ersten Bischofs von Jerusalem.

Im *Krieg der Juden* erwähnt der Historiker Flavius Josephus die **Grabstätten der Richter** Israels aus dem Kidrontal.

In diesem Tal, so verkündet der Prophet Joel, wird die Posaune des Jüngsten Gerichts erschallen.

Steine des Tempels des Herodes

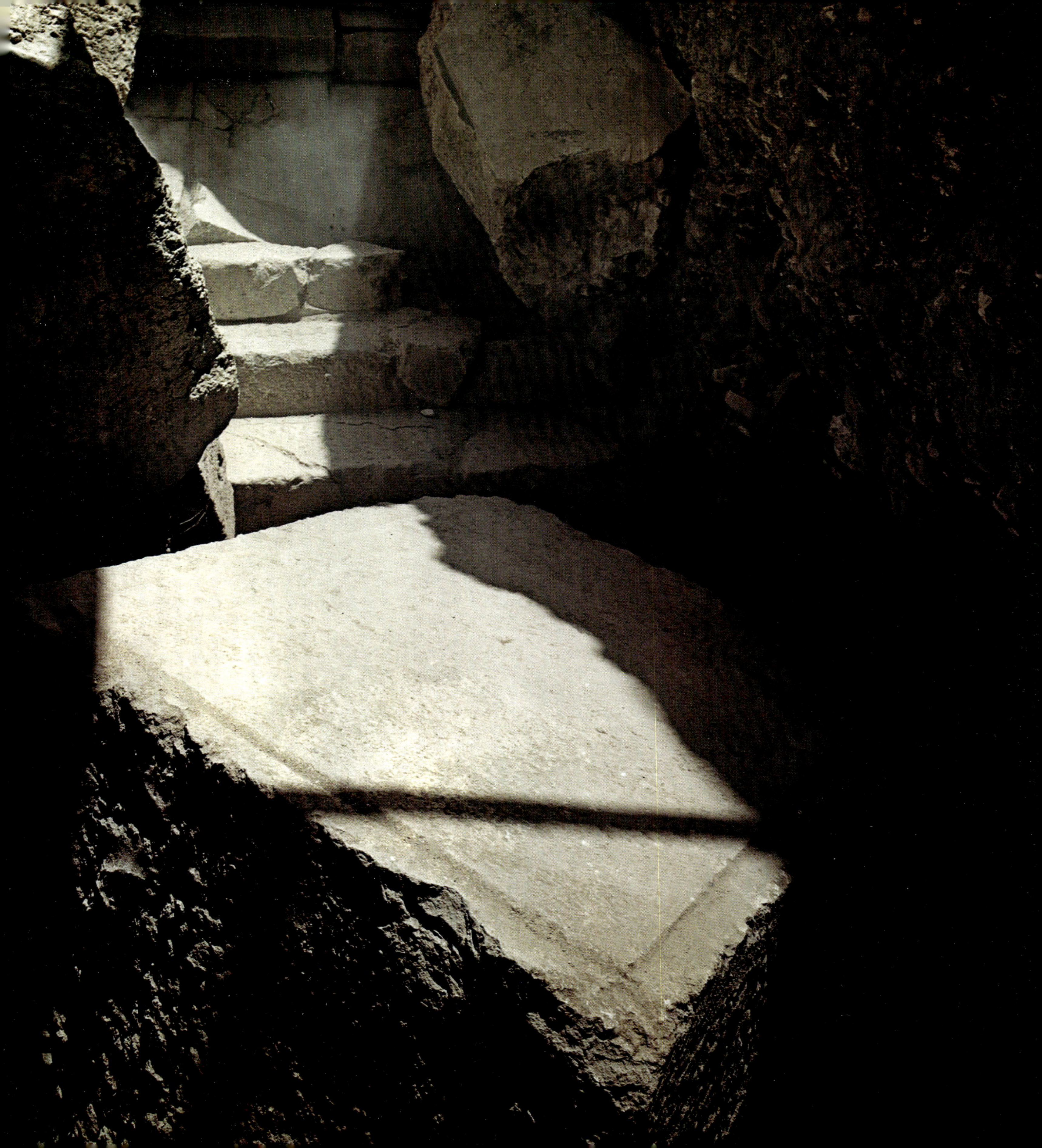

Jede Pilgerfahrt nach Jerusalem ist gleichbedeutend mit einem Eintauchen in die Quellen des Glaubens. Auch für den Christen reden die Steine der Stadt: jeder von ihnen beweint die Passion Christi; jedes Gäßchen der Via Dolorosa bebt noch vom Nachhallen seiner Schritte. Und jene Steinplatte, heute durch die Schritte der Menschen und Tiere noch ausgetretener als damals, hat ihn unter der Last seines Kreuzes taumeln sehen.

Die Tradition der christlichen Pilgerfahrten – die im übrigen die der Juden wiederaufnimmt, die aus Anlaß der großen Feste nach Jerusalem »hinaufstiegen« – scheint im 4. Jahrhundert begründet worden zu sein, nachdem Konstantin der Große **die Kirche des Heiligen Grabes** und die Geburtskirche in Bethlehem erbaut hatte.

Konstantin, der sich zum Christentum bekehrt und es zur Staatsreligion des Römischen Reiches erhoben hatte, beschloß eines Tages, die heidnischen Tempel durch Heiligtümer zu ersetzen, die dem Leben und dem Tod Christi angemessen waren. Die Grabeskirche wurde die prächtigste. Auf dem Berg Golgatha (dem Berg der Kreuzigung) errichtet, krönte er damit ein unter dem griechischen Namen von Anastasis bekanntes Grabmal an der Stätte der Auferstehung.

Von den Persern im Jahr 614 zerstört, und noch einmal 1010 vom Kalifen Hakim, wurde sie von den Kreuzrittern 1144 prunkvoll erneut gebaut.

Der Felsen des Kalvarienberges wurde mit Marmor verkleidet. Um das Grabmal errichtete man ein Geländer aus Marmor, einen Glockenturm und mehrere Kapellen, unter ihnen die **griechisch-orthodoxe Kapelle.**

Jerusalem – Die Kirche des Heiligen Grabes

Kirche des Heiligen Grabes – Griechisch-orthodoxe Kapelle

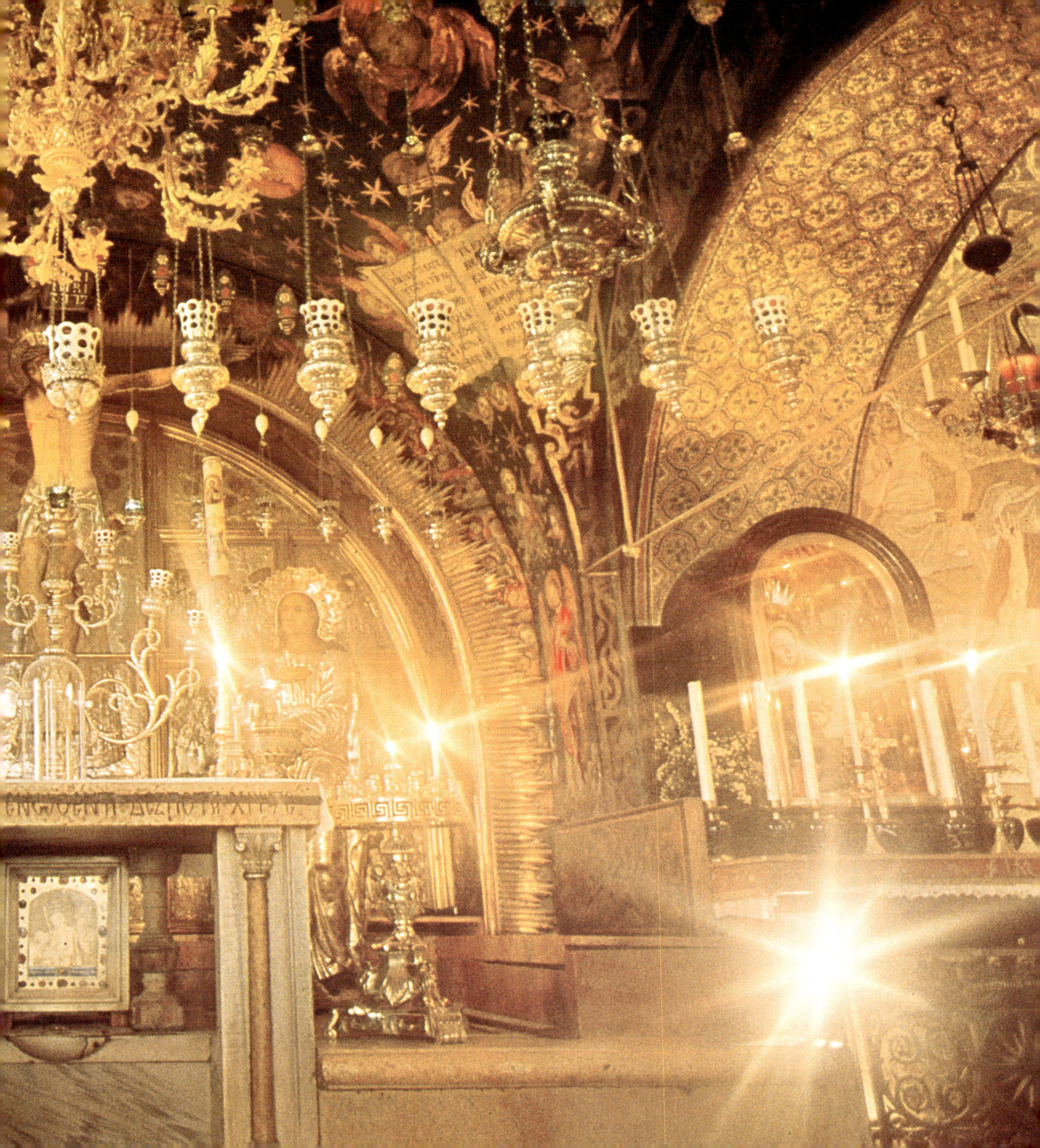

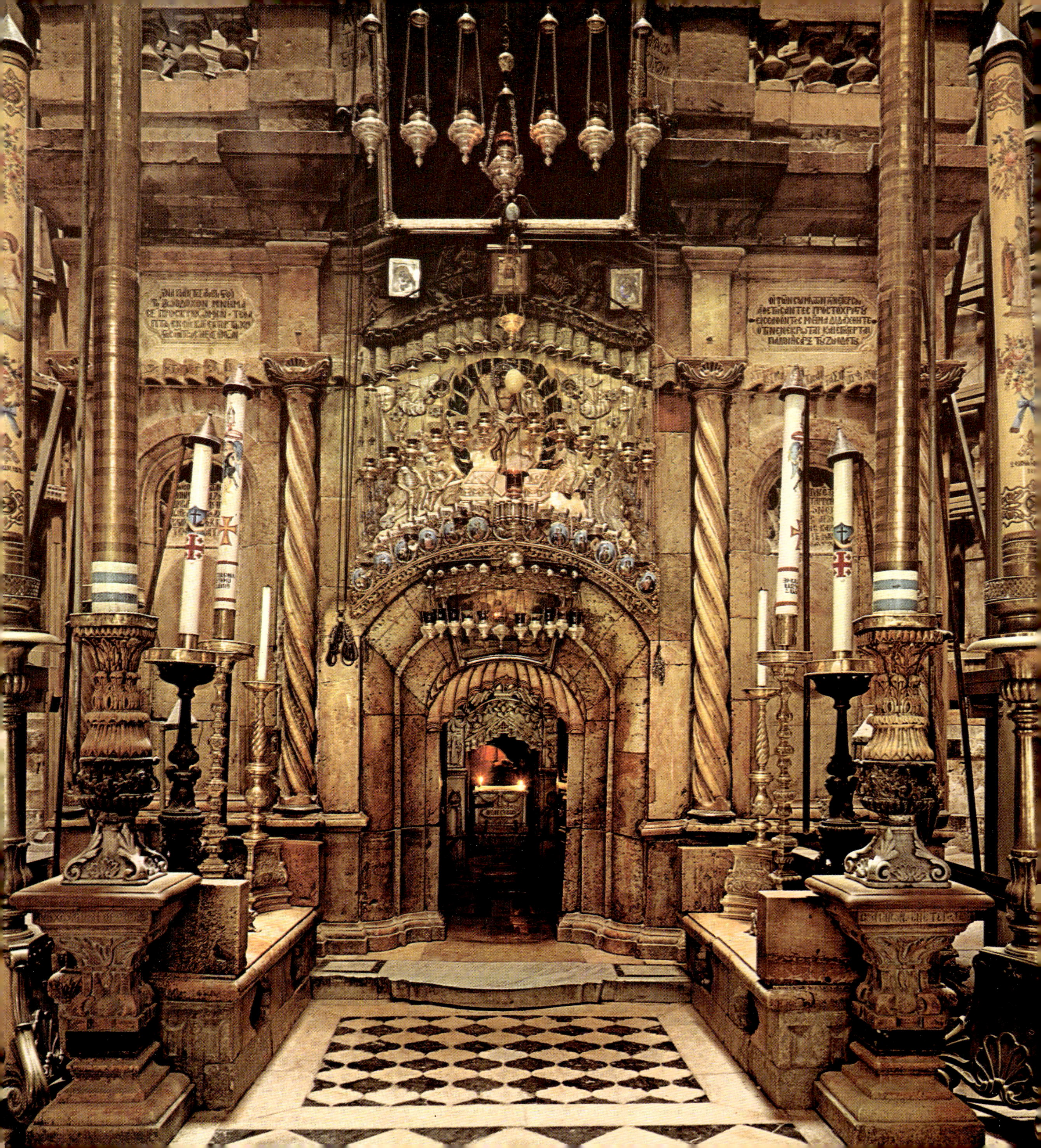

Jerusalem

Äthiopischer Priester vor der Kirche des Heiligen Grabes

Im Labyrinth der Kapellen fällt es mehr als einem Führer schwer, sich zurechtzufinden. Die Liturgie, das Gewand und die Sprache der Priester spiegeln eine ungewöhnliche Vielfalt von Kulten wieder. Äthiopische, russische, griechische, armenische, römische, koptische, syrische und chaldäische Priester... In Jerusalem gibt es mehr Riten der Christenheit als irgendwo anders auf der Welt. Das ermöglicht es

Am Eingang zur Kirche ist eine mit Kissen gepolsterte Nische dem mohammedanischen Pförtner vorbehalten, Würdenträger der Familie Nusseibeh aus Jerusalem, die seit Jahrhunderten den erblichen Auftrag hat, die Schlüssel zum **Heiligen Grab** zu bewachen.

Kalfa Kommenous, einem Architekten aus Mytilene, ist die Restaurierung des Gebäudes nach dem Brand zu verdanken, der dort 1810 ausbrach. An der Grabstätte selber bedeckt eine Altarplatte aus Marmor die in den Felsen gehauene Grabeshöhlung. Zur eigentlichen Grabstätte gelangt man nur, indem man sich bückt und lediglich drei bis vier Personen können sich gleichzeitig dort aufhalten.

Jede christliche Glaubensrichtung unterhält hier eine kleine Kapelle zwischen den Säulen des Umgangs. Und wen würde es verwundern, wenn er sieht, daß jede Lampe, jeder Teppich und jeder Vorhang hier Gegenstand eines Streites ist?

Das Heilige Grab

Kirche des Heiligen Grabes – Kapelle der Äthiopier

dem Historiker Chouraqui, der stellvertretender Bürgermeister Jerusalems war, von seiner Stadt zu sagen, daß sie eigentlich »das Laboratorium der wirklichen Einheit ist (...). Sie ist der Pol, das Zentrum, der Ruhmesgarten einer Menschheit, die sich selber sucht, sich findet und an den Horizonten einer neuen Ökumene wiedergeboren wird.«

Hier und da heilige Stätten. Sie säumen den Kreuzesweg, diesen Weg des Leidens, den Jesus seit seinem Einzug in Jerusalem bis zu seinem Tod auf der Schädelstätte zurücklegte. Diesem Weg folgen auch heute die Pilger, zahlreich zu jeder Jahreszeit. Und sie durchleben auch erneut zusammen mit Christus jene Wanderung, die ihn zum Dorf Bethanien am Südhang des Ölbergs führte. Dort hielt er sich auf. Nach den Evangelien hat er Lazarus wieder zum Leben erweckt, und heute ist die große Attraktion des arabischen Dorfes El Azarije (für Lazarus), eine in moskowitischem Stil neu erbaute orthodoxe Kirche.

An der Kreuzung der Wege nach Bethanien und Jerusalem hat 1955 der Architekt Barluzzi am Rand des Kidrontals eine kleine Kirche der Franziskaner erbaut. Ihren Ruhm verdankt sie der Tatsache, daß diese Stelle den Namen **Dominus flevit** (Gott weinte) trägt. Tatsächlich soll nach der Überlieferung Jesus an dieser Stelle über das Unheil geweint haben, das sich über Jerusalem entladen sollte: »Wenn doch auch du erkenntest zu dieser deiner Zeit, was zu deinem Frieden dient! Aber nun ist's vor deinen Augen verborgen. Denn es wird die Zeit über dich kommen, daß deine Feinde werden um dich und deine Kinder mit dir eine Wagenburg schlagen, dich belagern und an allen Orten ängsten; und werden dich schleifen und keinen Stein auf dem anderen lassen, darum daß du nicht erkannt hast die Zeit, darin du heimgesucht bist.«

Am Ölberg, dort wo mehrere Wege zusammenlaufen, erstreckte sich der **Garten Gethsemane.** Es war ein Olivenhain, in dem sich Jesus und seine Jünger ausruhten, bevor sie ihren Weg fortsetzten. Lukas erzählt, es sei sogar vorgekommen, daß sie die Nacht dort verbrachten. In diesem Garten »riß er sich von ihnen einen Steinwurf weit, kniete nieder und betete.«

Es geschah auch in diesem Garten, daß Jesus ergriffen und dann unter Bewachung von Gethsemane in das Haus des Kaiphas geführt wurde. Dort verleugnete ihn Petrus. Das Haus stand auf dem Hang des Berges Zion, und der Ort, an dem sich die Petruskirche erhebt, erhielt den Namen Gallicantu (Hahnenschrei), Symbol der Reue des Petrus. Von Gallicantu wurde Jesus in den Gerichtssaal gebracht, wo ihn Pontius Pilatus erwartete, und es herrscht darin Übereinstimmung, daß sich sein Prozeß in der Festung Antonia abspielte, wo Pilatus wohnte. Am Fuß von Antonia, an der Stelle, wo sich jetzt Davids Zitadelle erhebt, beginnt die Via Dolorosa. Im 16. Jahrhundert führten die Franziskaner die Gebetsübungen an den einzelnen Leidensstationen des Kreuzesweges ein.

Bevor sich Christus in den Turm begab, in dem Pontius Pilatus ihn erwartete, mußte er nach Verlassen des Hauses des Hohenpriesters mit seiner Bewachung den Lithostrotos überschreiten, dessen riesige Steinplatten von Rinnen durchzogen waren, die das Regenwasser zu den Zisternen führten.

Dominus flevit

Kirche im Garten Gethsemane

Ölbäume im Garten Gethsemane

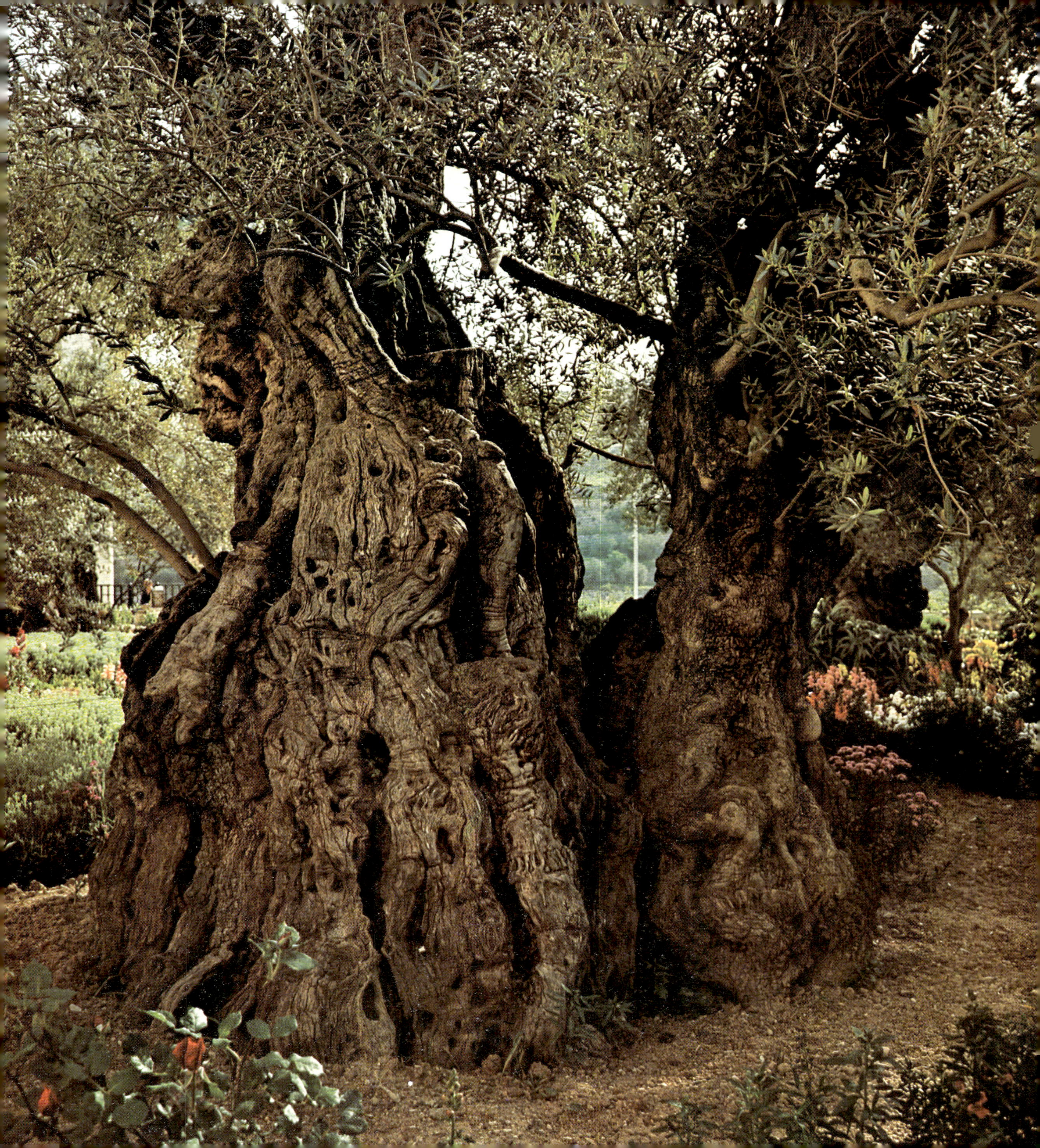

Jerusalem

Die Via Dolorosa

Von der Höhe der Treppe überblickte Pilatus die Szene. Dort erlitt Jesus die Geißelung mit der neunschwänzigen Katze, deren Riemen in Kugeln aus Blei und Knochen endeten.

Der Lithostrotos bildet heute das Untergeschoß des Klosters der Schwestern Zions. Auf den Steinplatten kann man heute noch die Einschnitte vom Knöchelchenspiel und ein »B« für Basileus (König) ebenso wie eine Dornenkrone sehen. Es handelte sich da um ein Spiel von Haudegen, bei dem ein Gefangener den Einsatz bildete, dem der Sieger die Krone aufsetzte. So wurde Jesus voller Spott zugejubelt: »Gegrüßet seist du, der Juden König!«

Als der Gefangene zu Pontius Pilatus zurückgeführt worden war, bezeichnete ihn dieser der Menge gegenüber mit den Worten: »Ecce homo« (Seht! Welch ein Mensch!). Das Urteil wird gesprochen, und Pilatus wäscht sich die Hände. Da beginnt **die Via Dolorosa** bis zum Kalvarienberg.

Die meisten Leidensstationen dieser Via Dolorosa sind heute durch Kapellen gekennzeichnet. Die Pilger vollziehen in Prozession jeden Freitag gegen fünfzehn Uhr den Weg der vierzehn Leidensstationen nach. Sie folgen der Via Dolorosa mit der ganzen Leidenschaft und lauten Inbrunst, die das Erbe der Christen des Orients sind. Dem Zug folgen kirchliche Würdenträger. Ihr Gesang dringt bis in die Gassen des Souk. Christen aller Riten finden sich dort ein.

Im Kidrontal steht die **Grabeskirche der Maria**, die der Frau von Foulques d'Anjou, der Königin Melisande, zu verdanken ist, einer großen Klostergründerin.

Aber dort unten vor der Westlichen Mauer eilen bereits die Juden herbei, um die »Braut Sabbat« zu empfangen, während gerade oberhalb von ihnen die Mohammedaner im Hof der Omar-Moschee niederknien, um Allah anzurufen.

In Jerusalem ist der ökumenische Gedanke nur ein Gelübde. Aber Juden, Christen und Mohammedaner tragen die gleiche Glut im Herzen und das gleiche Zittern überfällt sie, wenn sie Gott mit Du gegenübertreten.

Denn ihre Stadt ist die Verkörperung seines Königtums. Bei der Ankunft in Jerusalem wird der Pilger von »einer mysteriösen, tiefen Freude ergriffen. Er betritt eine unbekannte Welt, eine Welt der Freude, die uns tausendfach weniger vertraut, jedoch tausendfach tiefer ist als die Welt des Schmerzes und tausendfach fruchtbarer« (Dostojewski).

Der Lithostrotos

Jerusalem – Platz vor dem Tempel

In ihrer Geographie des Heiligen stellen die Mohammedaner Al Kuds (die Heilige), Jerusalem, Stadt der Kalifen, der Jünger Mohammeds und Verwahrer seiner Botschaft, auf die Seite von Medina, dem Zufluchtsort Mohammeds, und von Mekka, der Hauptstadt des Islam.

Mohammed, Gründer des Islam und unerschrockener Krieger, starb 632. Damit beginnt die geistliche und weltliche Herrschaft der Kalifen und zunächst die Abu Bakr Omars. Sechs Jahre nach Mohammeds Tod belagert Omar Jerusalem. Die Stadt ergibt sich, und Omar erlaubt den Juden erneut, sich in der heiligen Stadt niederzulassen.

Auf dem **Platz des Tempels** – den die Christen zu einem öffentlichen Schuttabladeplatz gemacht hatten – errichtete Omar eine Moschee aus Holz. Sie trägt noch immer seinen Namen.

Der Felsendom – Der Felsen Abrahams

Ein anderer Kalif, Abd-el-Melik, erbaute einige Jahre später eine achteckige Moschee, die die ganze Altstadt überragt, Haram esch-Scharif (Vornehmes Heiligtum). In der Mitte dieser Moschee befindet sich **der Felsen Abrahams**, auf dem der Patriarch der Überlieferung nach seinen Sohn Isaak als Opfer darbringen wollte. Von diesem Felsen aus soll auch nach islamischer Überlieferung Mohammed zum Himmel aufgestiegen sein. Dieser Tempelhügel, der Hügel Morija, stellt den wesentlichen Ort des Dramas des Glaubens dar. Er symbolisiert in seinen Steinen die unveränderliche Einheit der religiösen Inbrunst Israels und zugleich Ismaels und die Spaltung der Menschen.

In früherer Zeit war durch islamisches Gesetz den Juden das Betreten des Tempelplatzes untersagt. Heute ist es das Gesetz der Rabbiner, das sich bemüht, die Juden dazu zu überreden, diesen Platz nicht zu betreten. Es ist die heiligste Stätte Israels (noch heiliger als die Klagemauer), die des Allerheiligsten, wo nur der Hohepriester (Cohen Gadol) am Tag der Großen Sühne das Vorrecht besaß, in Einsamkeit für das Heil Israels zu beten.

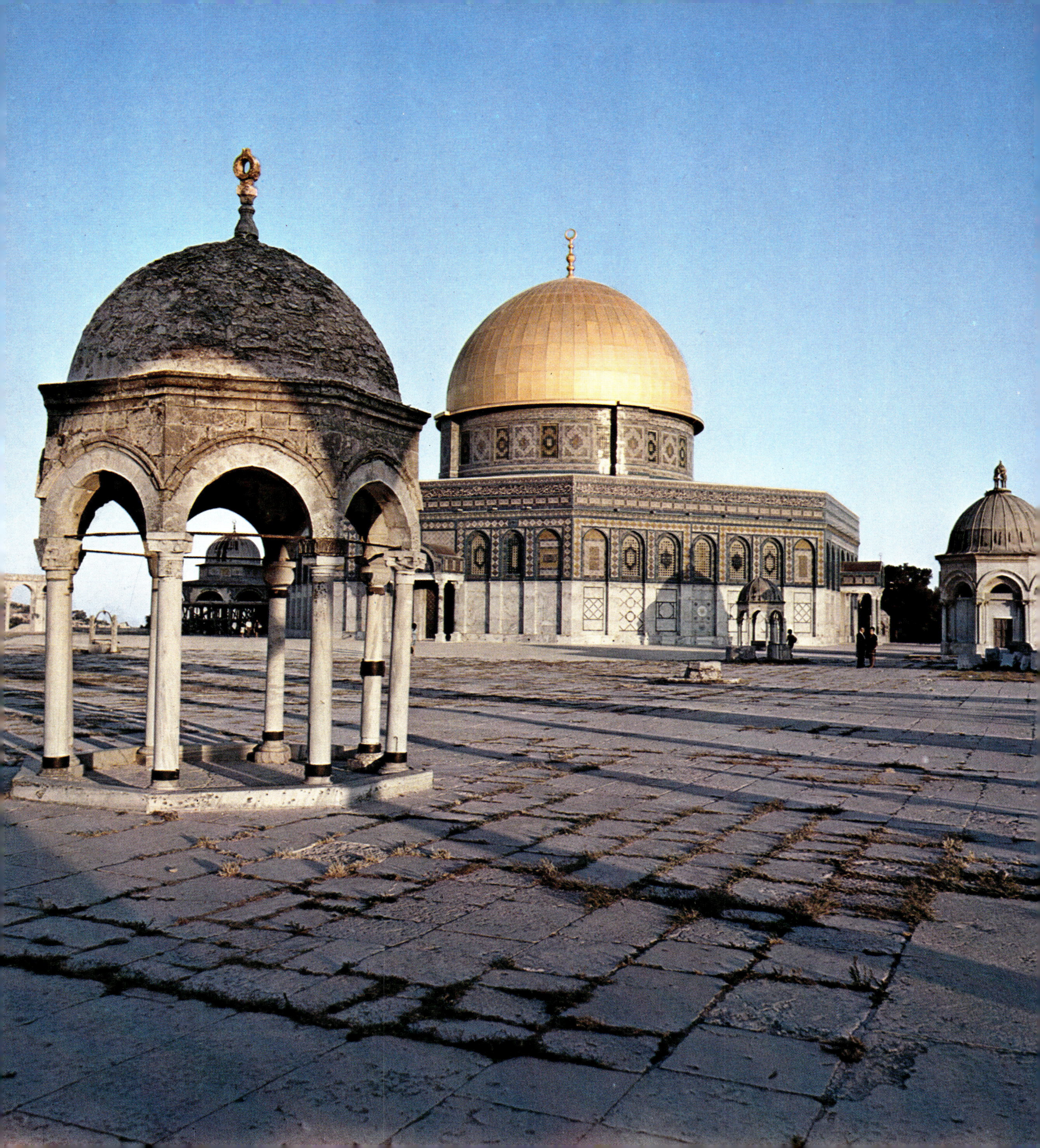

Bei Sonnenaufgang ruft am Freitagmorgen die Stimme des Muezzin von der Moschee aus die Gläubigen zum Gebet. Die Mohammedaner eilen herbei, ziehen sich die Schuhe aus, waschen sich die Füße und knien nieder, um die Größe Allahs zu preisen und um seine Barmherzigkeit zu bitten.

Es war Suleiman der Prächtige, der die Mauern der Moschee mit herrlichen Kacheln aus Kachan schmücken ließ. Die Arabesken – es sind die einzigen vom Islam erlaubten künstlerischen Motive – ziehen sich an den Wänden des **Felsendoms** entlang. Im Inneren des Gebäudes lädt eine abstrakte Symphonie aus Marmor, Mosaiken und kostbaren Teppichen zur Sammlung und zur Betrachtung ein.

Nicht weit von dort entfernt, etwas tiefer, liegt die El-Aksa-Moschee, silbrig und gedrungen, ein Werk des Sohnes Abd-al-Maliks, des Kalifen Walid, der sie im 8. Jahrhundert erbaute. Saladin schenkte dieser Moschee die Mosaiken der Kuppel ebenso wie die Mirhab, eine Art großer Nische, die dem Imam für das Gebet zur Verfügung stand. Die heutige Moschee wurde umgebaut und 1943 beendet. Acht Jahre später sollte König Abdallah, Vater Husseins von Jordanien, dort unter den Kugeln eines nationalistischen Arabers den Tod finden. 1969 versuchte ein junger, geistig verwirrter Australier, ein Mystiker und Mythomane, sie in Brand zu stecken.

Es trifft zu, daß Jerusalem schon immer die »Desperados des Glaubens« angezogen hat. Der Prophet Jesaija hat gesagt: »Um der Liebe Zions willen werde ich nicht schweigen.« Der spanisch-jüdische Dichter Yehuda Halevy wurde vor der Klagemauer, als er sich dort zu Boden geworfen hatte, von einem arabischen Reiter zu Tode getrampelt. Es war Halevy, der zu seiner Zeit (15. Jahrhundert) besser als jeder andere Jerusalem besungen hat:

> *Deine Luft ist das Leben, das die Seele atmet,*
> *Deine Sandkörner sind Körner der Myrrhe,*
> *Und deine Wasserläufe sind Flüsse von Honig,*
> *So daß ich zwischen all der Trauer und den Trümmern*
> *Barfuß und nackt wandern möchte,*
> *Dort, wo sich der heilige Tempel erhob,*
> *Wo die Bundeslade den Blicken entzogen stand,*
> *Wo sich die Cherubim*
> *In der Tiefe des Allerheiligsten verbargen.*

In seinen Souks und auf den Treppen, die zuweilen nirgendwo enden, verbergen sich Seele und lebendiges Herz Jerusalems. Aus den acht in die Mauer Suleimans des Prächtigen gehauenen Toren fallen in unregelmäßigen Stufen, von den Schritten von Millionen Pilgern und Touristen ausgetreten, die Gassen der überdachten Souks hinab. In den winzigen Werkstätten und den Restaurants mit den scharfen, würzigen Gerüchen empfängt einen das gleiche Lächeln: »Marhaban.« Und wenn Söhne Jerusalems Sie bedrängen, um Ihnen Stoffe, Früchte oder einfache Andenken zu verkaufen, vergessen Sie nicht, daß sie Ihnen auch etwas von ihrem Beharrungsvermögen und von ihrer Weisheit verkaufen.

Treppe zum Felsendom

Jerusalem – Der Felsendom

Jerusalem

Was die Touristen in der **Altstadt** Jerusalems bewundern, das sind vor allem jene vom Alter gezeichneten Gassen, die buntscheckige Menge und die lärmenden Märkte. Ein arabischer Geograph, El Mukkadassi (der aus der Heiligen Stadt stammte), hat über das Jerusalem des 10. Jahrhunderts geschrieben: »Aus der Heiligen Stadt kommen Käse, Baumwollwaren, die berühmten Trauben von Ainuni und Duri, ausgezeichnete Äpfel und Bananen, eine Frucht, die die Form einer Gurke hat, aber die Haut läßt sich abziehen und das Fruchtfleisch erinnert ein wenig an das der Wassermelone, nur schmackhafter und schmelzender (...) Der beste Honig ist der aus Jerusalem, wo die Bienen am Thymian saugen.«

Glashütte in Hebron

Jerusalem – Gasse in der Altstadt

Araber aus der Altstadt

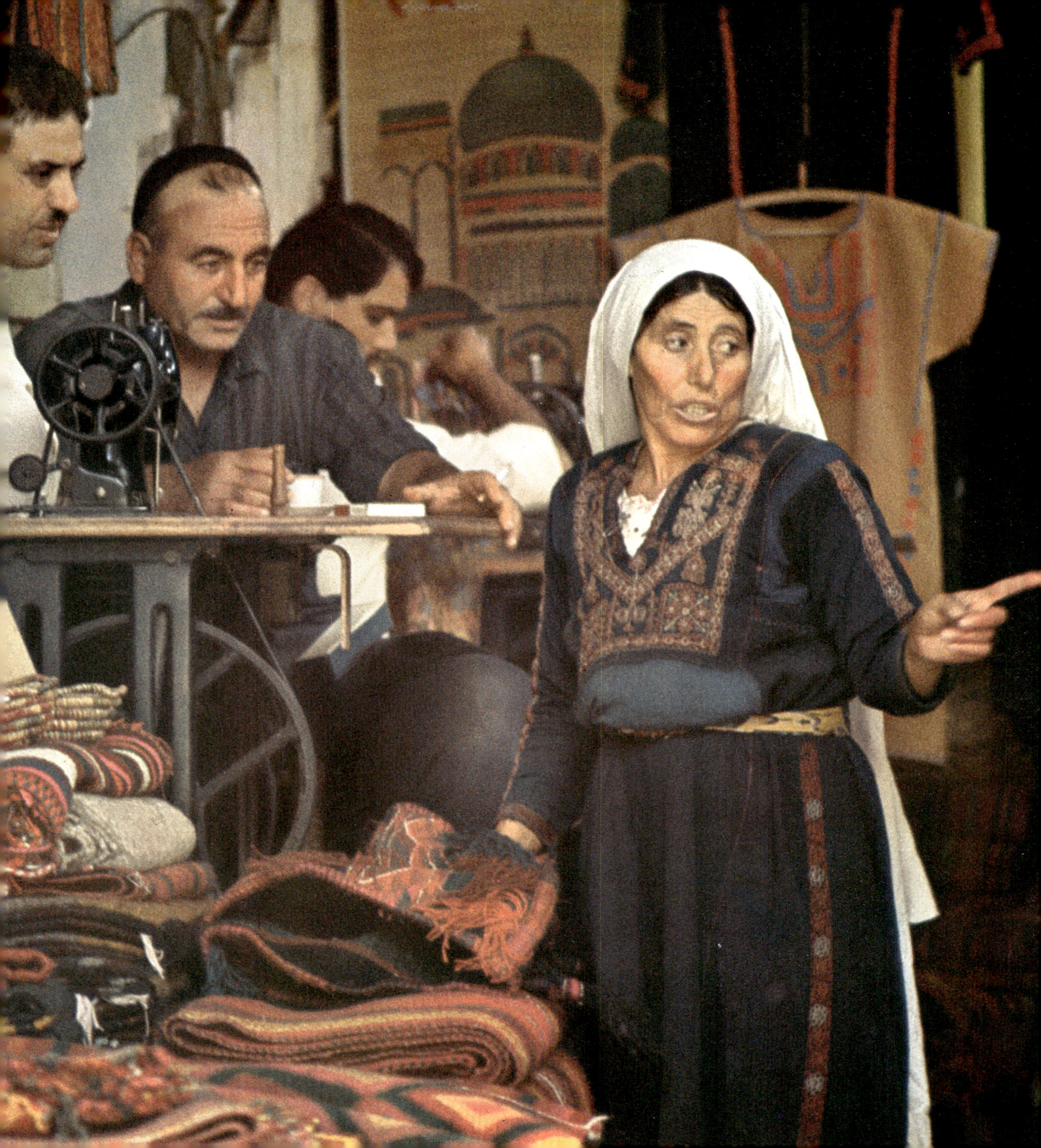

Jerusalem – Teeverkäufer

Jerusalem

Die Altstadt

Um den wahren Atem dieses Volkes zu begreifen, dieses Strudels aus scharfen Gerüchen, Farben und Lauten, muß man mit nachsichtigen Blicken dieses Gewimmel betrachten, das an einem vorbeiströmt, Menschen und Tiere durcheinander, Kinder in Lumpen, Fleischstände, die zuweilen von Fliegen umlagert sind, diese Tavernen mit ihren exotischen Ausdünstungen, dieses dumpfe Summen der Menge, diese »Salams« und die »Schaloms«, die wie zufällig aufeinandertreffen.

Aber in dieser Stadt gibt es auch – ob man sich nun im **christlichen**, mohammedanischen oder jüdischen **Viertel** befindet – malerische Bilder der Ruhe und Bescheidenheit.

Jener umherziehende Bettler ist vielleicht, ohne es zu wissen, ein Fürst, in seine Träume verloren.

Christliches Viertel in der Altstadt

Wenn an der Biegung einer Gasse ein Kind in Lumpen mit dem Blick des Propheten und schön wie seine Stadt einige Pfunde von Ihnen verlangt, um Ihnen als fragwürdiger Führer in sein Königreich zu dienen, geben Sie sie ihm bereitwillig. In Jerusalem ist die Mildtätigkeit nicht, wie woanders, ein Luxus, den sich das gute Gewissen leistet. Sie ist eine Sache des Herzens.

Der Bildhauer Lipchitz
im Garten
des Nationalmuseums

Als sich das neue Jerusalem über die Mauern der Altstadt hinweg ausbreitete, hat es sich davor gehütet, einem entfesselten, wertlosen Modernismus zu verfallen. In den ruhigen bürgerlichen Vierteln des Westens, so in Rechavia, sind die niedrigen, massiven Häuser aus dem gleichen rosa Stein, der Jerusalem jenen zeitlosen Charakter verleiht.

Als politische, administrative, kulturelle und geistige Hauptstadt des Staates ist es auch die religiöse Hauptstadt des Judentums. Ihre wirtschaftlichen und geschäftlichen Erstgeburtsrechte hat sie gern an Tel Aviv abgetreten, das der »alte Löwe« David Ben Gurion als das »neue Babylon« bezeichnet.

Jerusalem ist nicht zum Handel berufen, es befaßt sich mit der Geschichte. Es versammelt dort die politische und geistige Elite des Landes, Studenten und Akademiker, alte Gelehrte und Staatsbeamte, Stammgäste aus den Wiener Cafés in der Ben-Jehuda-Straße.

Die Mauern der modernen Stadt waren noch nicht dem Angriff der Werbung oder den politischen Schmierereien ausgesetzt. Wenn man Kinder sieht, die sich mit dem Bemalen dieser Mauern beschäftigen, so deshalb, weil sie der **Jugendabteilung des Nationalmuseums** angehören. Es sind Schüler, die unter Anleitung bekannter Künstler die Mauern und Zäune der Stadt schmücken sollen.

Bis dahin hatte sich allerdings die jüdische Kunst ausschließlich der Verschönerung der Kultstätten und seiner Gegenstände gewidmet. Im übrigen wurde in den Zehn Geboten bestimmt: »Du sollst dir kein Bildnis noch irgendein Gleichnis machen.« In der Diaspora haben die Juden keine Tempel aus Stein errichtet.

Mit der Rückkehr Israels zur »Normalität« werden die Verbote innerhalb der Zehn Gebote nicht mehr voll respektiert. In den Gärten von Billy Rose des Nationalmuseums posiert der **Bildhauer Lipchitz**. Unwandelbare Blöcke – Schöpfer und Geschöpf scheinen aus der gleichen Bronze geschaffen.

Jerusalem brauchte ein Nationalmuseum, das des Erbes von zweitausend Jahren des Zerstreutseins in den Kulturen des Exils würdig sei. Ein Museum, das Zeuge der Vergangenheit für die Zukunft würde. Dieses Museum bietet in seinen verschiedenen Abteilungen einen Überblick über die Geschichte. Antike und moderne Skulpturen stehen dort nebeneinander. Aggressive Werke Picassos, Calders und Tinguelys führen eine Art Zwiesprache mit der Mächtigen Bronze Rodins. Hier sprengt die Kunst, frei und glücklich, ihre Grenzen und fordert den Menschen heraus. Schließlich wird aus der Verbindung zweier unvergänglicher Ordnungen der Eindruck des Gemeinsamen geboren: das Beglückende einer vollausgereiften Kunst und einer Landschaft, die zu allen Zeiten unter den Blicken Gottes stand. Bezalel, biblischer Vorfahr des jüdischen Künstlers – ist er nicht für den Menschen charakteristisch, der im Schutz Gottes steht?

Schüler der Jugendabteilung des Nationalmuseums

Jerusalem

Schlicht und elegant fügt sich das Nationalmuseum Israels harmonisch in die Landschaft Jerusalems ein. Darüber hinaus besitzt es die Eigentümlichkeit, sich zum Ziel gesetzt zu haben, »die gesamte Kunst der Welt in sich zu vereinen«. Zur Stunde sind die Sammlungen von Stichen und Zeichnungen israelischer Künstler zahlreicher als die »seltenen Stücke«. Trotzdem sehen die Israelis in ihm eine Oase im Nahen Osten und haben Zutrauen zu seiner Zukunft.

In diesem Museum befindet sich, unterirdisch angelegt, **der Schrein des Buches**. Die Kuppel, die ihn bedeckt, stellt eigentlich den Deckel des Kruges dar, in dem die Schriftrollen vom Toten Meer entdeckt wurden. Das strahlende Leuchten des Porzellans, in einem unter dieser Sonne fast unerträglichen Weiß, hebt sich gegen das tiefe Schwarz einer Basaltmauer ab, die das Blickfeld abschneidet. Symbol des Kampfes der Söhne des Lichts und der Söhne der Finsternis in der Lehre der Essener. Unter der Kuppel ist in der Mitte einer erhöhten Plattform **die Schriftrolle des Propheten Jesaja** ausgestellt, von einem Glasgehäuse geschützt.

Die Entdeckung dieser Manuskripte hat etwas Ungewöhnliches, wenn nicht geradezu Phantastisches an sich. 1947 drang ein junger Beduinenhirte auf der Suche nach seinen verirrten Ziegen in eine Höhle des Khirbet ein, einer gebirgigen trostlosen Landschaft oberhalb des Toten Meeres. Dort entdeckte er Krüge, die sieben Manuskripte enthielten. Sie sollten das historische und theologische Wissen des Westens revolutionieren.

Diese sieben Manuskripte gehörten jener pietistischen Sekte, die in diesen Höhlen lebte: den Essenern. Von der Welt abgeschieden, ein Leben der Keuschheit führend, besaßen sie eine Lehre, die auf der apokalyptischen Hoffnung auf das Ende der Welt und auf einer Trennung nach Art der Manichäer zwischen den Söhnen des Lichts (den Reinen, das heißt, ihnen selber) und den Söhnen der Finsternis (der übrigen Welt) beruhte. Das erste dieser Manuskripte enthält sieben Pergamentseiten des Buches Jesaja. Diese sind zweitausend Jahre alt, das heißt, um tausend Jahre älter als die ältesten auf hebräisch bekannten Schriften.

Neben den Seiten aus dem Buch Jesaja vier weitere Schriftrollen: »Die Ordensregel«, in der das Leben der Essener in allen Einzelheiten festgelegt wurde, »Die Hymnen der Danksagung«, in denen sich der Verfasser in einem sehr persönlichen Ton an Gott wendet, »Die Gebote Habakuks«, ein Kommentar des Propheten, der sich mit den Ereignissen zur Zeit der Essener befaßt, und schließlich eine Art zeitgenössischer jüdischer Dienstanweisung: »Der Krieg der Söhne des Lichts wider die Söhne der Finsternis«.

In diesem Heiligtum kann man auch Spuren vom Aufstand Bar Kochbas besichtigen, die in Massada ausgegraben wurden. Man sollte auch den Pavillon der Jugend besuchen, in dem künftige Künstler und Kritiker herangezogen werden.

Schrein des Buches – Studenten ziehen die Schriftrolle Jesajas zu Rate

Jerusalem – Schriftrolle des Propheten Jesaja (*oben*) im Schrein des Buches (*unten*)

וידבר אל לחבקוק לכתוב את הבאות על
אל הדור האחרון ואת גמר הקץ לוא הודיעו
ואשר אמר למען ירוץ הקורא בו
פשרו על מורה הצדק אשר הודיעו אל את
כול רזי דברי עבדיו הנבאים כיא עוד חזון
למועד יפיח לקץ ולוא יכזב
פשרו אשר יארוך הקץ האחרון ויתר על כול
אשר דברו הנבאים כיא רזי אל להפליא
הנה עפלה לוא ישרה נפשו בו כיא
אף כי הון יבגוד גבר יהיר ולוא
ינוה אשר הרחיב כשאול נפשו והוא כמות ולוא ישבע
ויאספו אליו כול הגויים ויקבצו אליו כול העמים
הלוא כולם משל עליו ישאו ומליצה חידות לו
ויומרו הוי המרבה ולוא לו עד מתי ויכביד עליו
עבטיט
פשרו על הכוהן הרשע אשר
נקרא על שם האמת בתחילת עומדו וכאשר משל
בישראל רם לבו ויעזוב את אל ויבגוד בחוקים בעבור
הון ויגזול ויקבוץ הון אנשי חמס אשר מרדו באל
והון עמים לקח לוסיף עליו עוון אשמה ודרכי
תועבות פעל בכול נדת טמאה

Jerusalem

Die erste Übung der jungen Männer und Mädchen, die mit achtzehn Jahren ihren Militärdienst ableisten müssen (drei Jahre für die Männer, achtzehn Monate für die Frauen) ist im allgemeinen eine Art langen Gewaltmarsches quer durch ihr Land.

In Massada legt der junge Soldat, Gewehr und Bibel symbolisch vereint, den Eid ab, daß »Massada niemals mehr fallen wird«. Wenn man in Israel auch Patriot ist, hat der Chauvinismus dennoch dort keinen Platz. Ebenso wenig wie der Militarismus, in diesem Land, in dem die Stabschefs mit vierzig Jahren zu ihren Traktoren zurückkehren... wenn sie nicht zu Ministern gemacht werden. Militärparaden sind selten, und wenn sie stattfinden, sind sie ausschließlich dazu bestimmt, einer Bevölkerung das Gefühl der Sicherheit zu geben, die seelisch, wenn nicht auch körperlich durch das Trauma der Vernichtung gebrandmarkt wurde. Und die Kinder, denen man heute von Auschwitz und Birkenau erzählt, antworten häufig mit einer Frage von bestürzender Logik: »Aber wo war denn da Tsahal?« (die israelische Armee).

Diese Armee wollte David Ben Gurion, Großvater der Nation, als eine »Volksarmee von Kämpfern und Humanisten« sehen. Sie ist dazu verurteilt, stets um des Überlebens des Volkes willen zu siegen, denn sie ist das Volk. Eine Armee von Guerillakämpfern, zuweilen ohne Uniform, aber von starkem Glauben erfüllt und schlagkräftig. Eine Armee, die das menschliche Leben achtet und nicht gern tötet.

In der Bibel finden diese Soldaten Israels eine Darstellung, mit der sie sich am liebsten identifizieren: Krieger, die die Zeit abwarten, in der »das Lamm friedlich neben dem Wolf grast, und in der man die Schwerter in Pflüge verwandeln wird«.

Jerusalem – Militärparade zum Gedenken der Verkündung der Unabhängigkeit

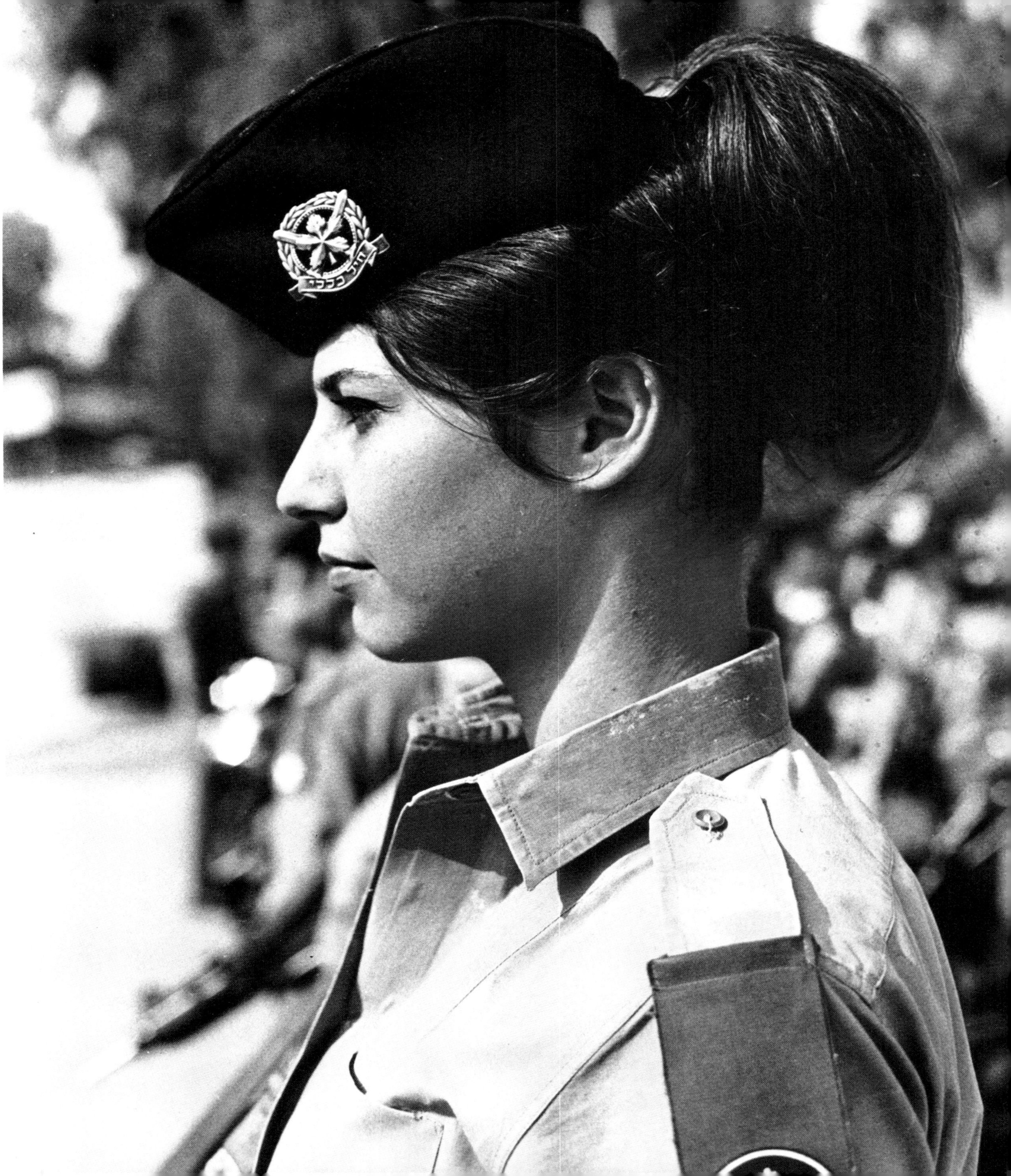

In Israel ist die Archäologie geradezu eine nationale Leidenschaft. Mit den ersten Frühlingstagen verwandelt sie einen Teil des Volkes in ein Heer von Maulwürfen, die liebevoll jeden Erdhügel streicheln. Helden dieses Nationalkultes sind Yigael Yadin und Mosche Dayan. Diese Begeisterung für Ausgrabungen hat symbolischen Wert: sie zeugt von der leidenschaftlichen Verwurzelung eines Volkes in seiner alten und neuen Erde. Es handelt sich darum, die Überreste der hebräischen Zivilisation freizulegen. Allzu lange nur Objekt der Geschichte, von den Völkern des Exils nur geduldet, klammert sich nun der Jude an seine Geographie, seine Erde.

Eine Erde militärischer Durchmärsche und Einfälle, Gegenstand von Träumen und der Begehrlichkeit, da sie am Kreuzungspunkt von zwei Welten liegt: des Morgen- und des Abendlandes. Vom Römischen Reich hat man unter anderem **Glasvasen** aus der Zeit des Herodes gefunden. In Jerusalem und in Ramat Rahel haben die Israelis **Stempel** entdeckt, die der X. römischen Legion Fretensis gehörte, die im 3. Jahrhundert Antoniana genannt wurde. Als das Byzantinische Reich dem Roms folgte (300–640), besitzt die Kunst, die es den anderen aufdrängt, weder die Schlichtheit noch die aristokratische Männlichkeit des römischen Charakters. **Vasen** aus der byzantinischen Epoche bezeugen es.

Die archäologischen Entdeckungen ermöglichen es, in der Zeit zurückzugehen, und ein **Fächergriff** aus Elfenbein, den man in Akhsiv im Norden des Landes gefunden hat, »erzählt« uns von den Phöniziern und von der Raffiniertheit ihrer Kunst, eine ständige Herausforderung des hebräischen Monotheismus. Der Name, den der Fächergriff trägt, Abdubaal, erinnert an jene Gottheit der Phönizier, Baal, die die Propheten unaufhörlich schmähten.

Auch Kulte des Götzendienstes haben sich auf dieser Erde entwickelt, die stets zwischen zwei Versuchungen zauderte: die des einen Glaubens, streng und entsagend, die in der Verinnerlichung des Kultes des Einen Gottes lag, und die des Prunks und der Orgien, kurz, der Anbetung von Götzen. Zweifellos Dionysos geweiht, dem griechischen Gott des Rebstocks, es sei denn einer orientalischen Gottheit, läßt ein **Panther aus Bronze**, der in Avdat entdeckt wurde, die Kunst des 1. Jahrhunderts unserer Zeitrechnung wieder vor uns erstehen.

Aber vor allem erzählt uns diese Erde von der Geschichte der Menschheit. Es ist kein Zufall, wenn die Gelehrten des Talmud sagen, der erste Mensch sei dort geboren. In Lebeidja, südlich von Tiberias, hat man die ältesten Überreste eines Menschen gefunden, die man in Israel kennt: Bruchstücke des Schädels eines Pithecanthropus. In der Bronzezeit (4000 oder 3000 v. Chr.), in der sich bereits kleine städtische Gemeinschaften zu bilden begannen, war die Kunst schon hochentwickelt. Stilisierte Figurinen, so bei einer in der Nähe des Toten Meeres ausgegrabenen **Feldzeichenkrone**, zeugen von einer gewissen künstlerischen Verfeinerung.

Glasvasen aus der Zeit des Herodes

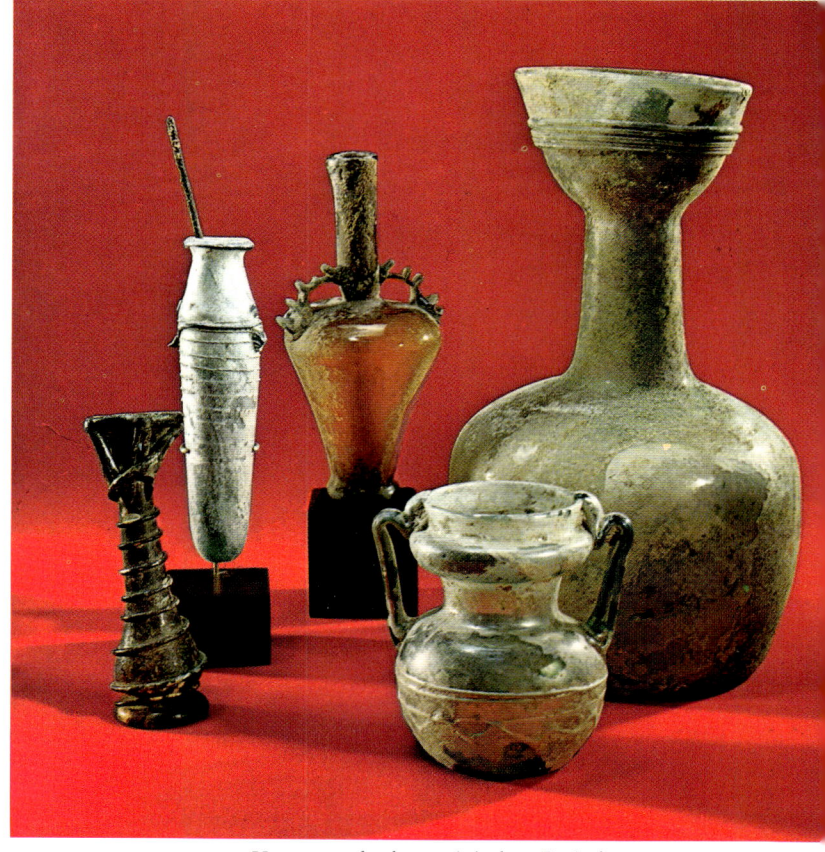

Vasen aus der byzantinischen Periode

Römische Stempel

Panther aus Bronze (1. Jahrhundert)

Elfenbeinerner Fächergriff aus der phönizischen Epoche

Feldzeichenkrone (4000 oder 3000 v. Chr.)

Jerusalem

Für diese unversöhnliche Erde hat nur das jüdische Volk gebetet. Im Exil hat es darum gebetet, daß es regnet. Auch gebetet, damit die Ernten, deren Früchte es nicht einsammelte, reichlich ausfielen. Nur der Jude hat sich zweitausend Jahre lang und dreimal am Tag in seinen Gebeten Jerusalem zugewandt. Dort lag das einzige Erdreich, das er jemals besessen hatte.

Von Sehnsucht und von einer wahnwitzigen Hoffnung erfüllt wurde das Lied *Nächstes Jahr in Jerusalem*, in allen Gemeinden aller Exile gesungen, zum Angstschrei, zur Parole, zum Schlagwort. 1897 erklärte in Basel beim ersten Zionistenkongreß ein Wiener Journalist, Theodor Herzl, von der Affäre Dreyfus empört: »Wenn ihr wollt, ist es kein Märchen.«

Heute tagen die einhundertzwanzig Abgeordneten der **Knesset** (des israelischen Parlaments) in einem prächtigen Gebäude, in dem man Werke von Chagall und eine **Wand von Karavan** findet.

Israel ist nicht nur der Staat der Juden. Er will ein jüdischer Staat sein, der zwar den Bürger keineswegs dazu verpflichtet, ein religiöser oder praktizierender Bürger zu sein, aber dennoch besteht er auf gewissen religiösen Bräuchen, zum Beispiel die Verpflichtung, sich von einem Rabbiner trauen zu lassen. Das wirft zweifellos das Problem der Trennung von Synagoge und Staat auf, die sehr viele Abgeordnete anstreben. Befragungen im ganzen Land haben jedoch gezeigt, daß die Mehrheit des Volkes eine solche Trennung, würde man sie durchführen, als eine Gefahr für die Einheit des jüdischen Volkes betrachten würde. Deshalb wurde trotz der zuweilen am Rabbinat des Landes geübten Kritik, der Sitz der beiden geistigen Oberhäupter Israels (der eine Aschkenas und der andere Sepharad), **Hekhal Chlomo**, niemals durch unehrerbietige Kritzeleien besudelt. Das Volk kennt sehr genau den Platz, den die Religion im Bewußtsein Israels einnimmt. Sie hat das Empfindungsvermögen der Juden geformt. Sie ist es, die, genau betrachtet, zweitausend Jahre lang auf den Straßen des Exils ein Volk bei seinem Warten und in seiner Hoffnung gestärkt hat.

Jerusalem – Die Knesset: Eingang, Skulptur von David Palombo

Saal der Knesset – Die Wand von Dani Karavan

Hekhal Chlomo, Sitz des Rabbinats des Landes

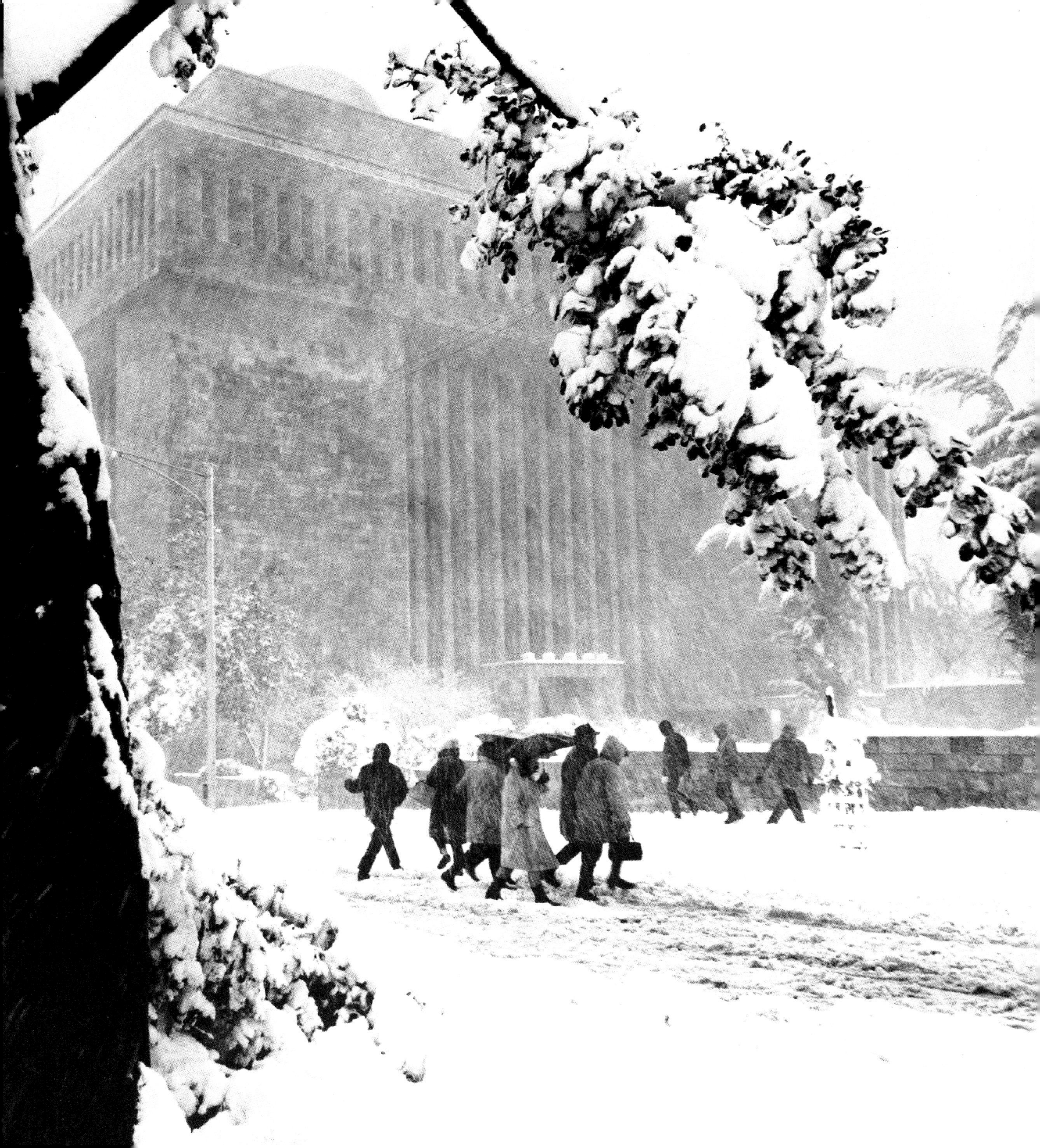

5
Judäa und Samaria

»Du sollst wiederum Weinberge pflanzen an den Bergen Samarias.«
Jeremia 31

»Gehe auf das Gebirge Abarim, auf den Berg Nebo, der da liegt im Moabiterland, gegenüber **Jericho**, und schaue das Land Kanaan, das ich den Kindern Israels zum Eigentum geben werde.« So sprach der Ewige zu Moses und untersagte ihm das Betreten des gelobten Landes. Das Jericho der Bibel befand sich nördlich von der gegenwärtigen Lage, ganz in der Nähe einer Quelle, die die **Becken Elisas** speiste.

Die Becken Elisas, in der Nähe von Jerusalem

Um die Botschaft dieser Erde Judäas zu entziffern, müssen wir uns einen Augenblick Moses an der Schwelle des Todes und der Ewigkeit vorstellen, der aus der Ferne diese Erde betrachtete, die er nicht kennenlernen sollte. Judäa wurde der Schauplatz des biblischen Dramas des größten der Propheten und der der Verwirklichung der Verheißung, die den Kindern Israels gemacht wurde.

Um die Schönheit eines Sonnenaufgangs im Orient zu erleben, muß man die Hänge des **Berges Skopus** sehr früh, gegen vier Uhr, hinaufsteigen. Ein milchiger, weißer Schimmer überzieht nach und nach mit seinen erst weißen, dann rosigen Fäden den düsteren Himmel. Die Sonne sendet ihre ersten Strahlen aus, die sich rosig verfärben, ockerfarben werden und schließlich die Höhen der Hügel Judäas krönen. Violette Risse zerschneiden den Himmel. Und dann entzündet die goldene Masse der Sonne Tausende von Feuern auf dem Gipfel.

Die Glut, die die kahlen Hänge der Höhenzüge überzieht, das bläuliche ferne Schimmern des Toten Meeres und die Sonne, die über den sandigen Streifen der Wüste hinspielt – das alles ist ein Bild von großer Schönheit.

Judäa und Samaria waren zu allen Zeiten das Einfallstor zum Heiligen Land. Die Feinde von gestern sind heute Gefährten in einem gleichen Schicksal, morgen vielleicht Brüder in jenem Frieden, den der Prophet Jesaja verheißen hat: »Frieden für den, der fern ist, wie für den, der nah ist.«

Die Oase von Jericho. Im Hintergrund die Stadt

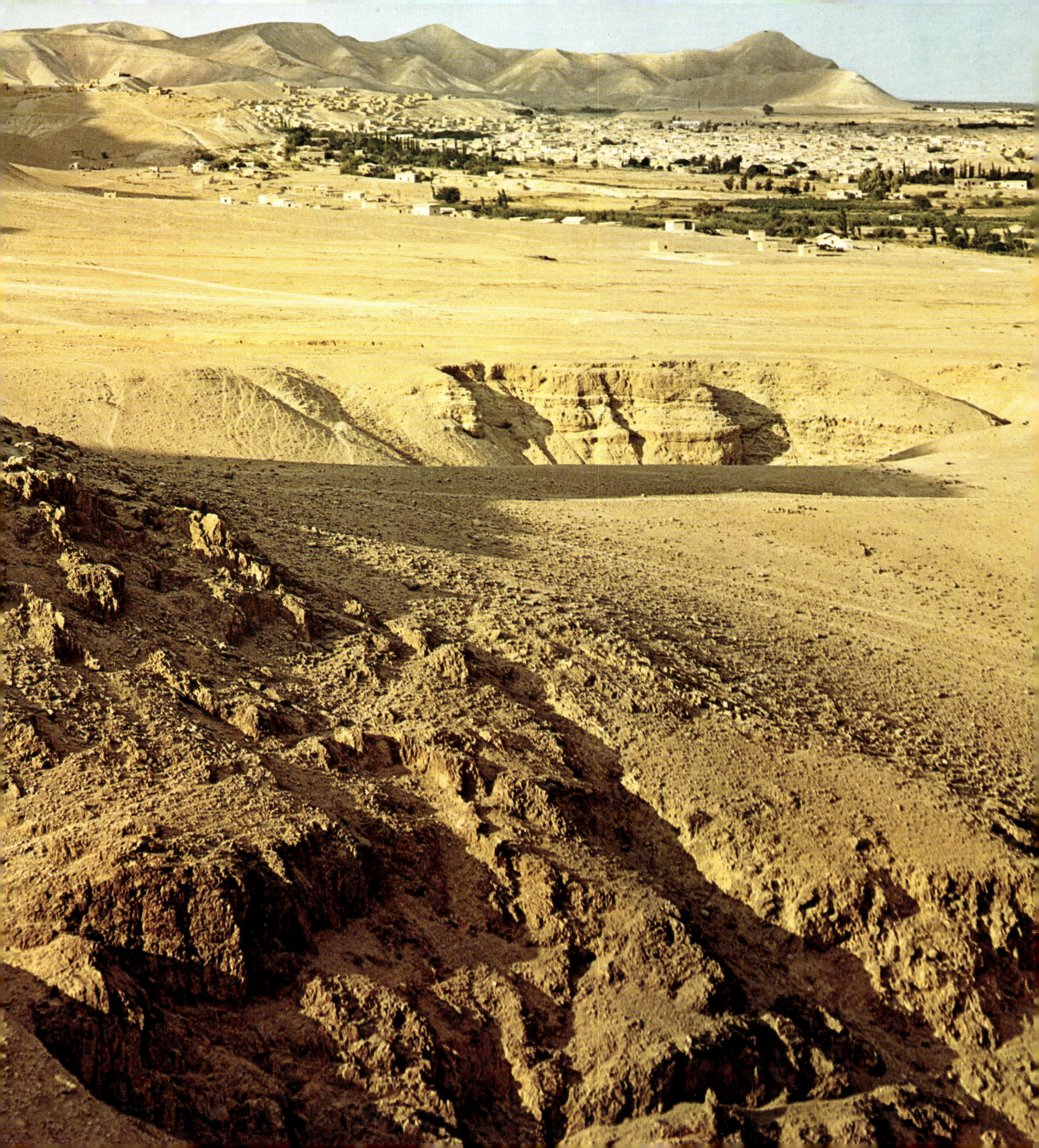

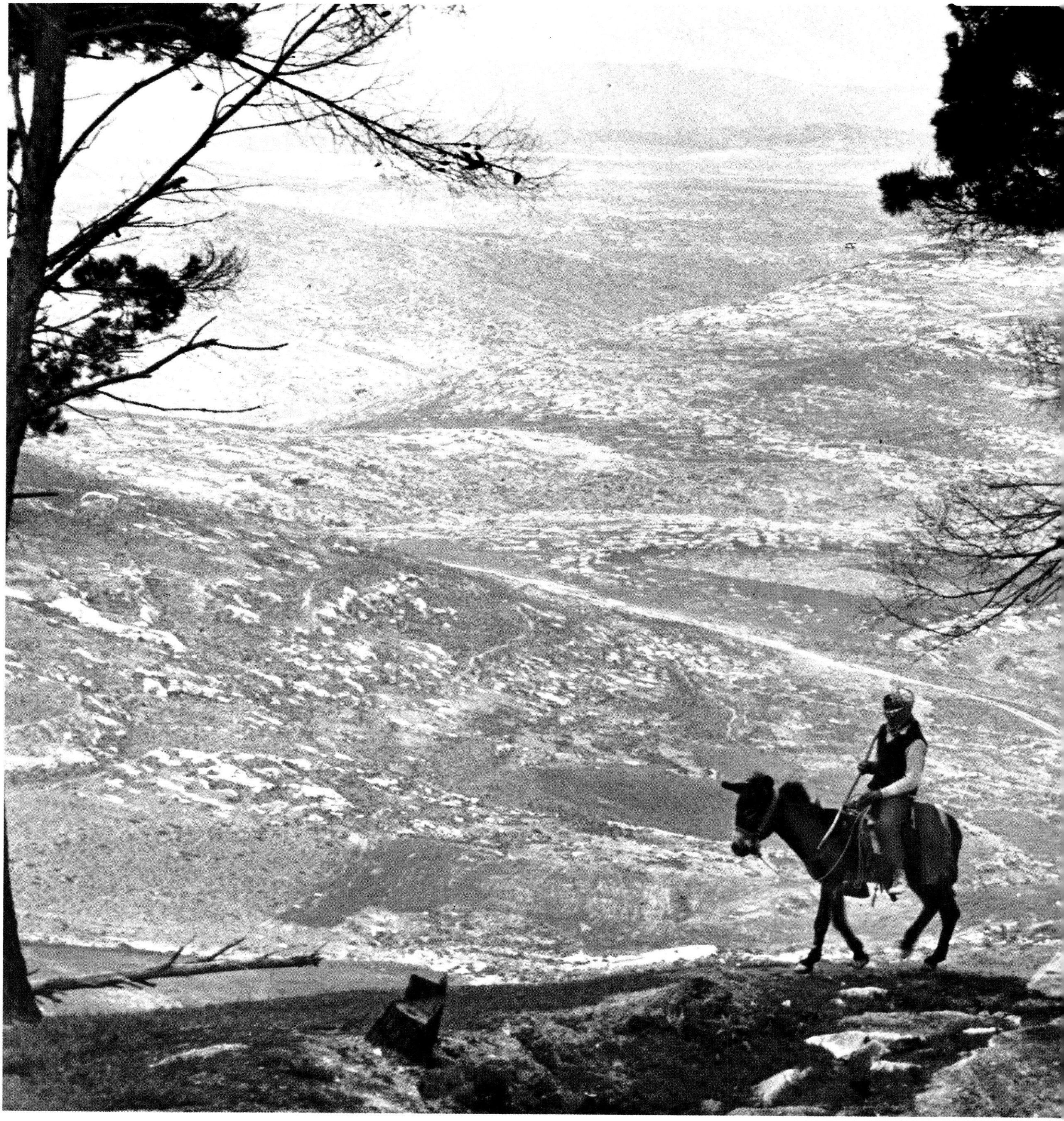

Der Berg Skopus – Blick auf die Senke des Toten Meeres

Judäa und Samaria

Bethlehem – Geburtsgrotte

Geburtskirche
Die Kapelle der Heiligen Helena

Geburtskirche
Die Kirche der Heiligen Katharina

Griechisch-orthodoxer Gottesdienst

Hinter den volkreichen Vorstädten Jerusalems stößt die Straße in die felsige Wüste Judäas vor: einige Meilen von Bethanien entfernt, vor den Toren **Bethlehems**, liegt das Feld der Hirten. Eine Kapelle erhebt sich über der Grotte, in der sie ruhten, bevor man ihnen die Geburt Jesu verkündete.

Der Name dieses Marktfleckens, Bethlehem, bedeutet »Haus des Brotes«. Im Verlauf der Jahrhunderte hat die Christenheit voller Ehrerbietung diesen Namen gemurmelt. Bescheiden und ernst feiert Bethlehem im Gebet die Frohe Botschaft.

Jesus ist dort geboren, und voller Ergriffenheit nähern sich die Pilger dem silbernen Stern am Boden der **Geburtsgrotte**, auf dem man die Worte auf lateinisch lesen kann: Hic de Virgine Maria, Jesus Christus natus est (Hier wurde Jesus Christus von der Jungfrau Maria geboren).

Diese Grotte weckt starke Inbrunst und zieht zahlreiche Pilger an. Aber nicht ohne Trauer stellte der Heilige Hieronymus fest: »Der heiligste Ort der Erde war durch einen dem Adonis geweihten Hain verborgen, und in der Grotte, in der das Jesuskind gewimmert hatte, beweinte man den Tod des Geliebten der Venus.« Die Kaiserin Helena, Mutter Konstantins, ließ 325 dort die erste Kirche errichten. **Die Kapelle der Heiligen Helena** ist natürlich jener Frau geweiht, die ihr Leben der Frömmigkeit und der Pflege der Heiligen Stätten widmete.

Am Ende der Grotte führt eine Tür in die Gebetskapelle, in der der Heilige Hieronymus die Vulgata, die lateinische Ausgabe der Bibel, überarbeitete. Durch einen unterirdischen Gang gelangt man zur **Kirche der Heiligen Katharina**, wo zu Weihnachten die traditionelle Mitternachtsmesse zelebriert wird.

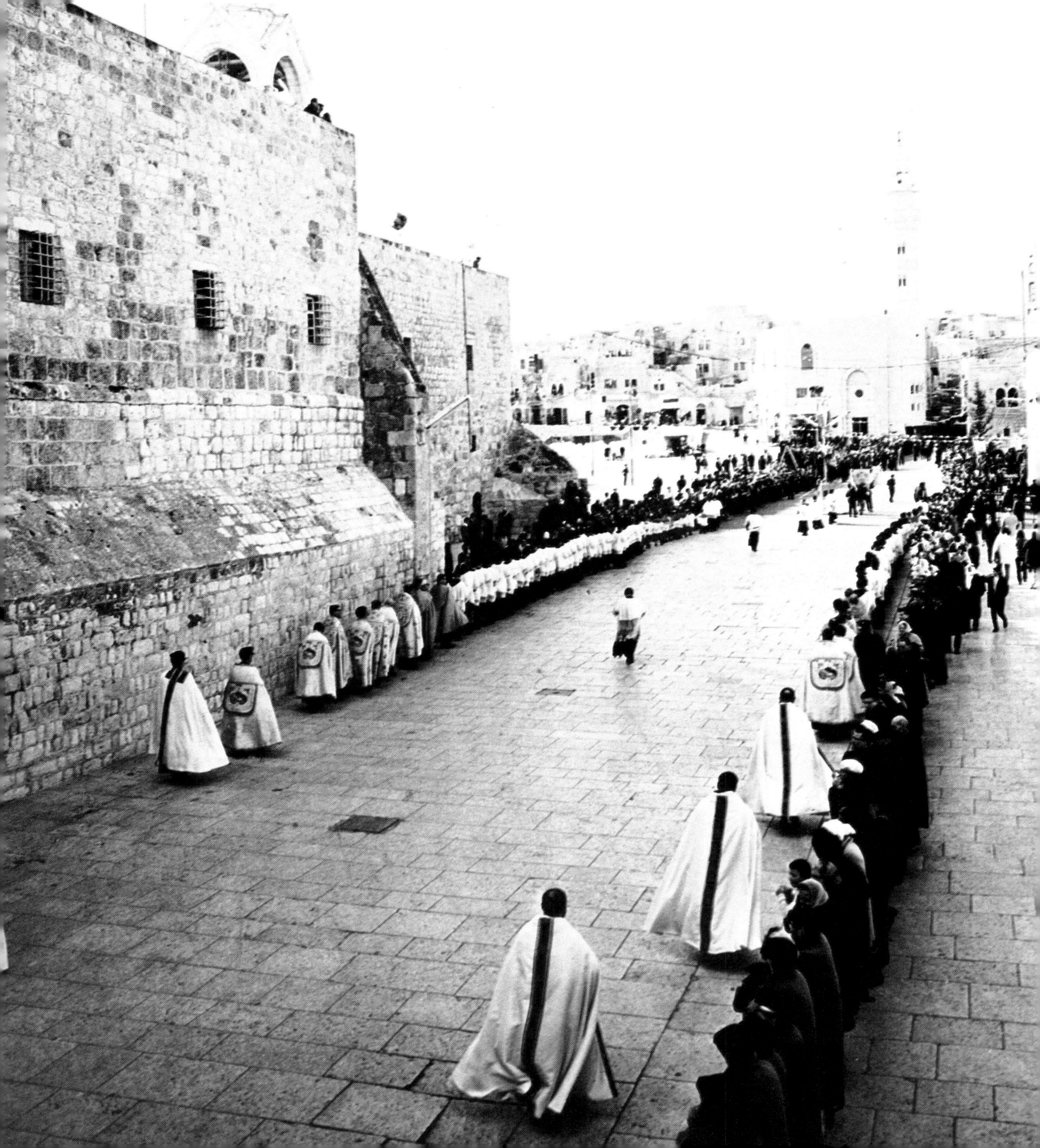

Von der alten Geburtskirche kann man heute noch halb in der Erde versunkene Überreste sehen. Auf den Fundamenten der Kirche Konstantins ließ Justinian 560 eine Basilika bauen, in deren Portal die Kreuzritter einen Spitzbogen einfügten, der jedoch niedriger gesetzt wurde, damit die Sarazenen nicht zu Pferd hineingelangen konnten.

Die Geburtskirche ist im Heiligen Land das einzige reine Bauwerk in romanischem Stil. Die Kreuzritter hörten nicht auf, sie zu verschönern, aber die prächtigen Mosaikarbeiten, geschmückt mit dem Stammbaum Jesu, sind fast ganz verschwunden. Die byzantinischen Säulen sind heute noch mit Figuren von Heiligen aus dem Abendland bemalt: der Heilige Leonhard und der Heilige Catald aus Irland, die Heilige Margareta und der Heilige Bartholomäus von Canterbury, der Heilige Knut aus Dänemark und der Heilige Olaf aus Norwegen.

Aber weitmehr als diese Werke sakraler Kunst zeugen von unbekannten Händen in den Stein der Geburtsgrotte gehauene Kreuze von der gewaltigen Welle des Glaubens, die gegen die Mauern Bethlehems angebrandet ist.

Orthodoxe, Armenier, Katholiken, Kopten und Äthiopier lösen einander ab und nähren so die Inbrunst der Menge.

Die orientalische Frömmigkeit ist häufig demonstrativ: das Heilige und das Malerische vermischen sich, aber niemand hat etwas dagegen einzuwenden. Die Prozessionen, die das Gepränge und den Prunk früherer Zeiten bewahrt haben, sind Schauspiel, Pilgerfahrt und zugleich Verkündung des Glaubens. Diese sorgsam einstudierte Langsamkeit der kirchlichen Würdenträger, dieser feierliche Ernst der von Andacht erfüllten Gesichter, dieses Schreiten der Ordensmänner über den **großen Platz von Bethlehem** entsprechen zur Vollkommenheit der inbrünstigen Frömmigkeit der Menge.

In der Weihnachtsnacht beschleunigt sich der traditionell ruhige Rhythmus Bethlehems. Eine Art verhaltener Raserei bemächtigt sich der Stadt. In sich gekehrte Gläubige, neugierige, wenn nicht gar beunruhigte Juden und in ihren inneren Reisen verlorene Hippies ziehen vorbei, während Glocken und Choräle allen die Frohe Botschaft verkünden.

Aber Bethlehem ist nicht nur die sehr christliche Stadt, in der man von den Quellen des Glaubens trinkt: sie hat sich auch in die geschundene Liebe des jüdischen Kollektivgedächtnisses eingebrannt. Bethlehem ist für den gläubigen Juden die Grabstätte Rachels, unserer Mutter. Rachel, deren Stimme, wie der Prophet sagt, das Unglück ihrer Söhne beweint; Rachel, die zum Vorbild und zur Segnung der jüdischen Mutter wurde. Ihr Grab zieht nicht nur die Juden, sondern auch viele Mohammedaner an.

Religiöse Prozession

Judäa und Samaria

Landschaft zwischen Jerusalem und Jericho

Für das Ohr eines israelischen oder ganz allgemein jüdischen Kindes sind Jericho, Hebron, Bethlehem und Sichem Namen mit vertrautem Klang. Man findet sie fast auf jeder Seite der Bibel und die Vorstellung von ihnen hat das jüdische Volk in seinem langen Exil begleitet.

Diese biblischen Orte haben die Israelis 1967 wiedergefunden, als sei dies etwas ganz Natürliches. Sie haben damit eine unterbrochene Verbindung zu ihrer Geschichte und zu der ihrer Vorfahren wiederhergestellt.

Judäa und Samaria wurden, wie schon erwähnt, zum Schauplatz des außergewöhnlichen geistigen Abenteuers der Patriarchen. In Hebron schloß Gott mit Abraham den Bund, der den ersten Monotheisten der Geschichte zum Vater zweier großer Völker, die aus diesem Geschlecht hervorgehen sollten, machte: Israel und Ismael. Die beiden Zweige des Monotheismus Abrahams vereinen sich in der gleichen Ehrerbietung und im gleichen Gebet an der Grabstätte der Patriarchen in Hebron. Dort hat, wie es im Pentateuch heißt, Abraham dem Hethiter Ephron das Grabgewölbe von Makhpela abgekauft, um dort Sara zu bestatten. Dort sollte er selber ruhen.

Vor Jericho führte Josua, des Moses Nachfolger und Bewahrer seiner Botschaft, die Stämme zum Angriff gegen Kanaan. Die von Juda, Benjamin und Ephraim teilten sich in Judäa und Samaria. In Hebron wurde David zum König gesalbt; bei Salomos Tod teilte sich das Königreich in die beiden rivalisierenden Staaten Israel und Juda. Beide unterlagen der Eroberung, und die Zeit ihrer Herrlichkeit verging.

Aber dieses Judäa-Samaria, das Israel heute so eifersüchtig hütet, ist auch der Ort der Siedlungen von Gouch-Etzion, deren Kibbuzim während des Unabhängigkeitskrieges von 1948 zerstört wurden. Auch in unserer Zeit kehren die Söhne jener, die dort gefallen sind, dahin zurück, und fast unmerklich weicht das Aufeinanderprallen von »Feuer und Blut«, in dem auf dieser Erde stets zwei Völker im Gegensatz zueinander standen, Söhne eines gleichen Vaters, dem Gedankenaustausch und dem Gespräch.

In früheren Zeiten hatte Herodes in Samaria eine griechisch-römische Nachbildung des Forums, der Akropolis und des Palastes erbauen lassen. Einige Steinblöcke stammen unmittelbar aus dem Palast der Jesabel, der Anbeterin Baals. Im Palast des Herodes ist der Tanz der Prinzessin Salome verklungen und das Blut Johannes des Täufers wurde von den Jahrhunderten ausgelöscht.

Die ehemaligen dramatischen Verwicklungen des Orients sind den modernen Konflikten gewichen, aber sie werden von den gleichen Mythen und den gleichen Betrachtungen genährt. Wer vermag zu sagen, wovon jener arabische Bauer träumt, der vor der **Moschee von Sebaste** sitzt?

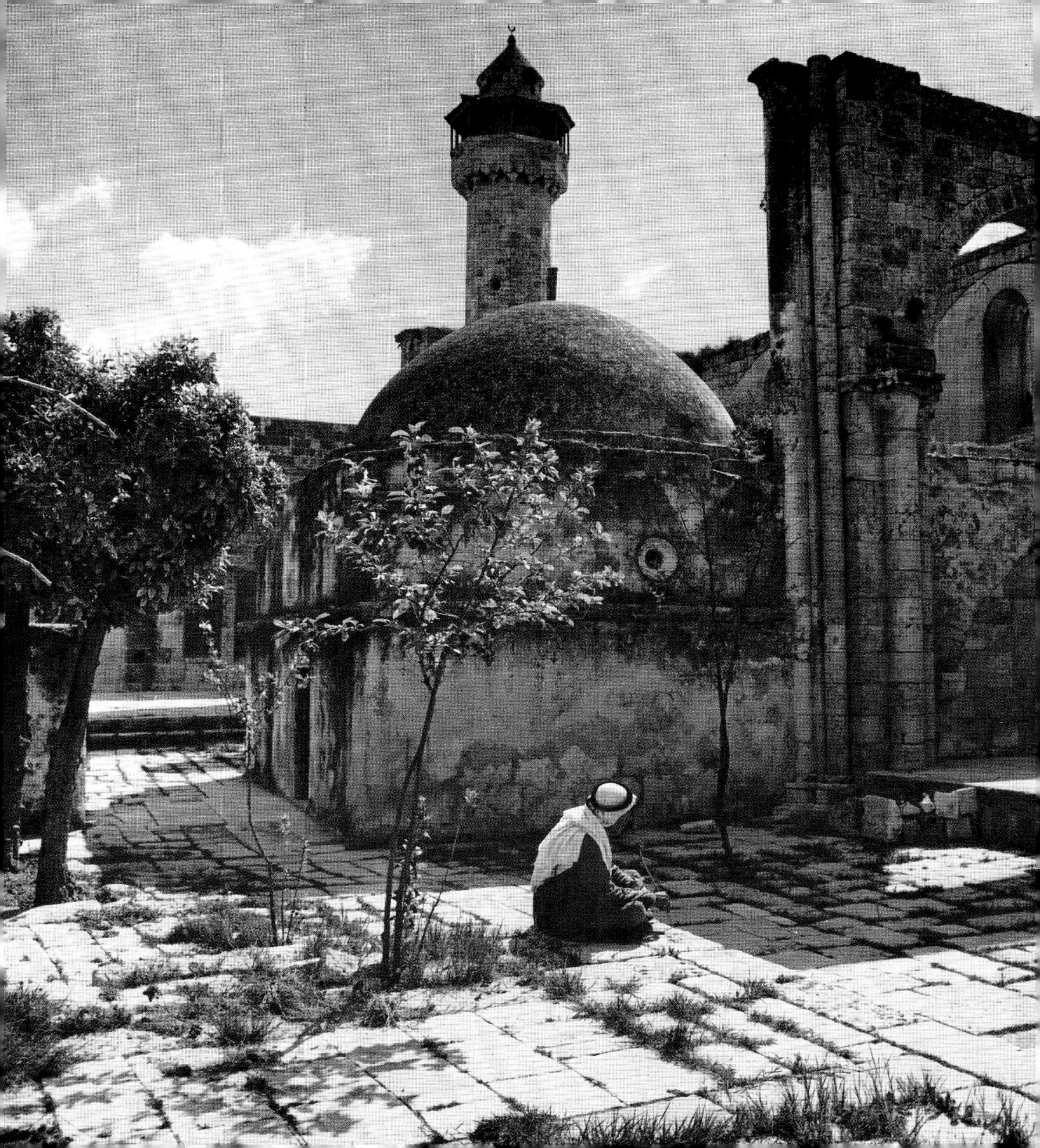

Ruinen des alten Palastes von Herodion

Ein Herrscher fremdländischen Ursprungs, durch den römischen Imperialismus dem Thron des letzten jüdischen Königs aufgezwungen, eine Regierung mit eiserner Hand, völlige Ergebenheit Rom gegenüber, schmeichlerisch und maßlos: das war Herodes der Große.

Seine absolute Unterwerfung unter die kulturellen Vorschriften des Römischen Reiches machte aus ihm den Schrittmacher Roms und des Hellenismus. Von der jüdischen Elite gehaßt, versuchte er, sich den guten Willen des Volkes zu sichern, indem er Verschönerungen am Tempel von Jerusalem und am Grabmal der Patriarchen in Hebron anbrachte.

Aber sein persönlicher Geschmack drängte ihn vielmehr dazu, prächtige Paläste und Monumente im griechisch-römischen Geist zu errichten. So entstand jenes **Herodion** in der Nähe von Bethlehem, Sommerresidenz auf einem Hügel, von der man heute noch das regelmäßige vierblättrige Kleeblattmuster der vier Wachttürme erkennt.

Die Errichtung solcher Festungen sollte vor allem die Überwachung der jüdischen Stämme, die stets zum Aufstand bereit waren, ermöglichen.

Der zum Spott herausfordernde Herodes, dessen Paläste enthauptet daliegen: dennoch sollte eine einfache Mauer des Tempels, die er von den Armen Jerusalems hatte erbauen lassen, zum Kristallisationspunkt für die Tränen und die Hoffnungen des jüdischen Volkes werden. Heißt es nicht im Talmud, daß auch aus der Sünde die Tugend hervorgehen kann?

Judäa und Samaria

Die Festung Herodion vom Flugzeug aus

Judäa und Samaria

Es trägt seinen Namen zu Recht: tatsächlich hüllt das Nichts dieses **Tote Meer** ein. Achtundsiebzig Kilometer lang und achtzehn breit mit einer Tiefe von vierhundert Metern ist es der am niedrigsten gelegene Punkt der Erde: dreihundertvierundneunzig Meter unterhalb des Meeresspiegels.

Aus den Zahlen geht jedoch nicht hervor, daß dieser Ort von einer mondartigen Trostlosigkeit und von unerträglicher Poesie erfüllt ist. Tragische Einsamkeit charakterisiert diese Landschaft und diese grünliche Wasserfläche mit ihrem stumpfen Schimmer. Dieser Eindruck tiefer Angst wirkt erstickend und läßt das Auge erstarren, das jenseits des Malerischen die dämonische Großartigkeit dieses Meeres ohne jedes Leben erfaßt.

Dort wird der Himmel schwer und erdrückt fast die Fläche des dickflüssigen salzigen Wassers. Eine wilde Landschaft, die tatsächlich für das biblische Drama von Feuer und Schwefel wie geschaffen war. Das Tote Meer bedeckt die ehemaligen Siedlungen von Sodom und Gomorrha, Städte der Sünde: der Ungerechtigkeit, des Hasses auf die Armen, die Waisen und die Fremden. Was hatte der Vorfahr Abraham mit diesem erhabenen Handel mit Gott zu schaffen, da es doch in Sodom und Gomorrha nicht einen einzigen Gerechten gab? Vielleicht war das Schicksal dieser gottlosen Städte in diesem ausgeglühten und grausamen Gestein dieser Wüste des Todes und des Vergessens eingemeißelt.

Das Tote Meer ist zweifellos der einzige Ort auf der Welt, wo der Mensch mit dem Finger seine Hinfälligkeit berührt. Stalagmiten aus Salz, schneeartige Flocken, verdorrte und versteinerte Bäume, die sich in diesem Meer winden, das man auf hebräisch Jam Hamelah (Meer des Salzes) nennt. Das ist es, woraus diese Landschaft besteht.

Der Salzgehalt des Wassers ist viel zu hoch, um auch nur das geringste Leben zu gestatten. Man findet daher in ihm weder Fisch noch Pflanze. Und das Baden in ihm dauert nur so lange, bis die Aufnahme des Mannes gemacht ist, der im Wasser schwebend seine Zeitung liest.

Das Tote Meer – Salzstalagmiten (*oben*) und schneeartige Flocken (*unten*)

Das Tote Meer

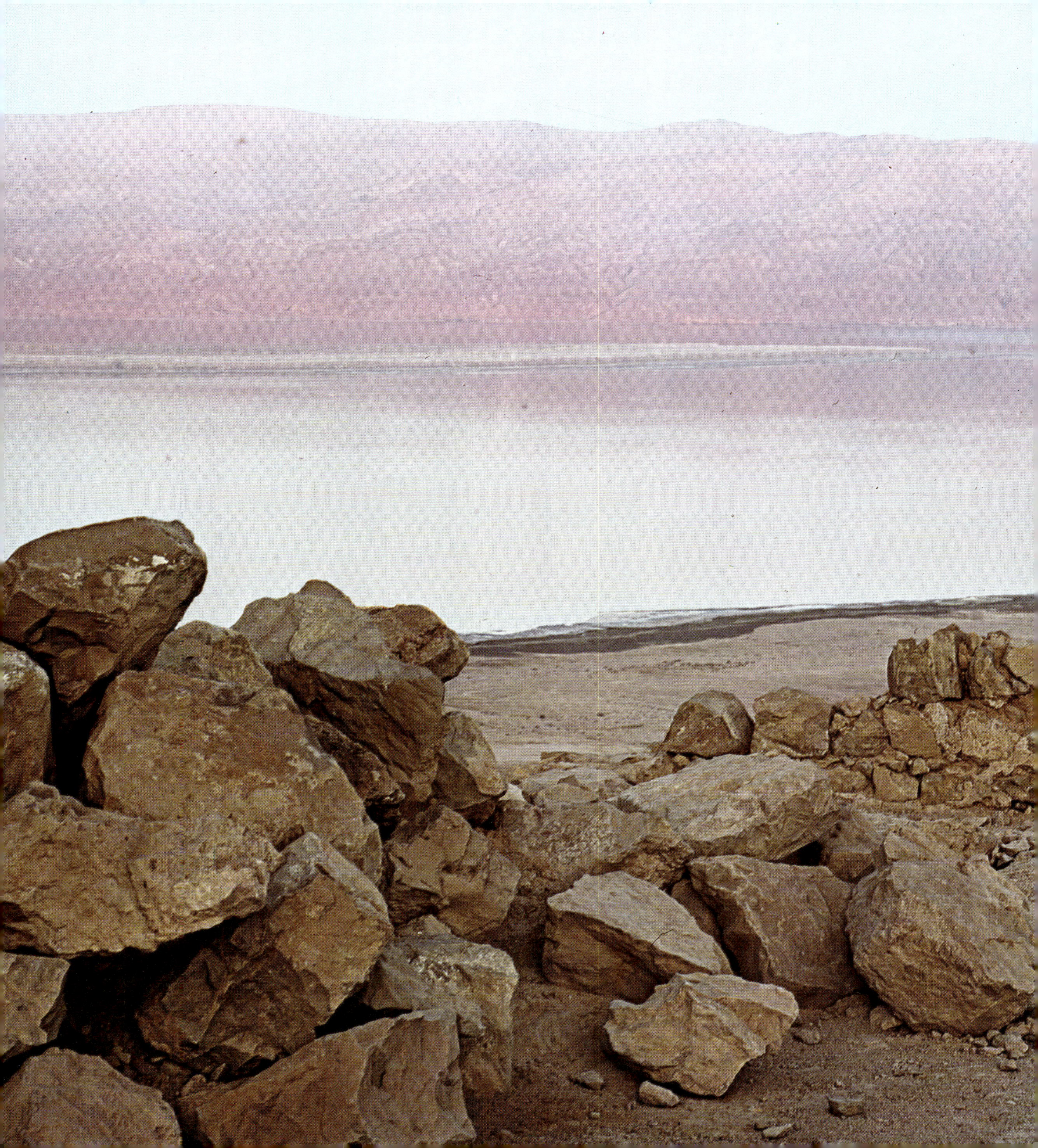

Das islamische Heiligtum von Nebi Musa

Judäa und Samaria

Auf den kahlen Hügeln, an der Straße, die nach Jericho führt, liegt **das islamische Heiligtum von Nebi Musa** (der Prophet Moses) umgeben von zahllosen Gräbern einfacher Gläubiger.

Moses, der Erste unter den Religionsgründern, Gesetzgebern und Moralpredigern, ist am siebten Tag des zwölften Monats am Berg Nebo gestorben. Niemand, so berichtet die Bibel, hat jemals von seiner Grabstätte gewußt. Der größte der Propheten und der demütigste der Menschen hatte in einer zu starken Vertrautheit mit Gott gelebt, um noch der Erde angehören zu können. Aber Sultan Saladin, so besagt eine Legende, hatte eine Vision, nach der Allah den Leichnam des Moses an einen Ort gebracht hatte, wo am Karfreitag eine Pilgerfahrt stattfinden sollte.

Tatsächlich handelte es sich bei der plötzlichen Wahl eines Wallfahrtsortes zu einem Grabmal, das Sultan Beybar 1269 über einer symbolischen Grabstätte errichtete, weniger um Religion als um Politik. Der Zustrom christlicher Pilger während der Osterwoche nach Jerusalem bot allen Grund, die Oberherrschaft der Mohammedaner über die Heilige Stadt in Frage zu stellen. Daher begaben sich nach einem neuen Brauch die Mohammedaner, die aus allen Winkeln Palästinas kamen, nachdem sie an den Gottesdiensten von Haram-esch-Scharif teilgenommen hatten, in einer Prozession nach Nebi Musa und kehrten von dort nach Jerusalem zurück. Die Pilgerfahrt dauerte genauso lange wie die Osterwoche und hatte zum Ziel, jede Anwandlung eines christlichen Aufstands zu unterdrücken.

Das Murmeln seiner Brunnen und der einladende Schatten seiner Gärten machen aus Jericho eine Oase in der Wüste. Auf dem **Tell es-Sultan** wurde ein **Turm aus der jüngeren Steinzeit** freigelegt (7. Jahrtausend v. Chr.), der davon zeugt, daß die Stadt eine der ältesten der Welt ist.

Bei der Eroberung von Kanaan machten die Heere Josuas, wie es in der Bibel heißt, siebenmal den Rundgang um die Mauern, »und am siebten Tag fiel die Stadt«. Im Buch der Könige wird berichtet: »Und die Männer der Stadt sagten zu Elisa: Siehe, es ist gut wohnen in dieser Stadt, wie mein Herr sieht; aber es ist böses Wasser und das Land unfruchtbar. Er sprach: Bringet mir her eine neue Schale und tut Salz darein. Und sie brachten's ihm. Da ging er hinaus zu der Wasserquelle und warf das Salz hinein und sprach: So spricht der Herr: Ich habe dies Wasser gesund gemacht; es soll hinfort kein Tod noch Unfruchtbarkeit daher kommen. Also ward das Waser gesund bis auf diesen Tag, nach dem Wort Elisas, das er redete.«

Die in Khirbet Mefjer vorgenommenen Ausgrabungen zeugen von der alten Pracht der omaijadischen Paläste der Kalifen von Damaskus. Khirbet Mefjer war die Sommerresidenz Walid's I. mit blendendem Luxus und gewissen erotischen Fresken, die die Unterwelt der von Pompeji heraufbeschwören. Brunnen und Säulengänge, Bäder und schattige Innenhöfe, Mosaikarbeiten und Arabesken preisen den Lebensgenuß.

Jericho – Turm aus der jüngeren Steinzeit am Tell es-Sultan

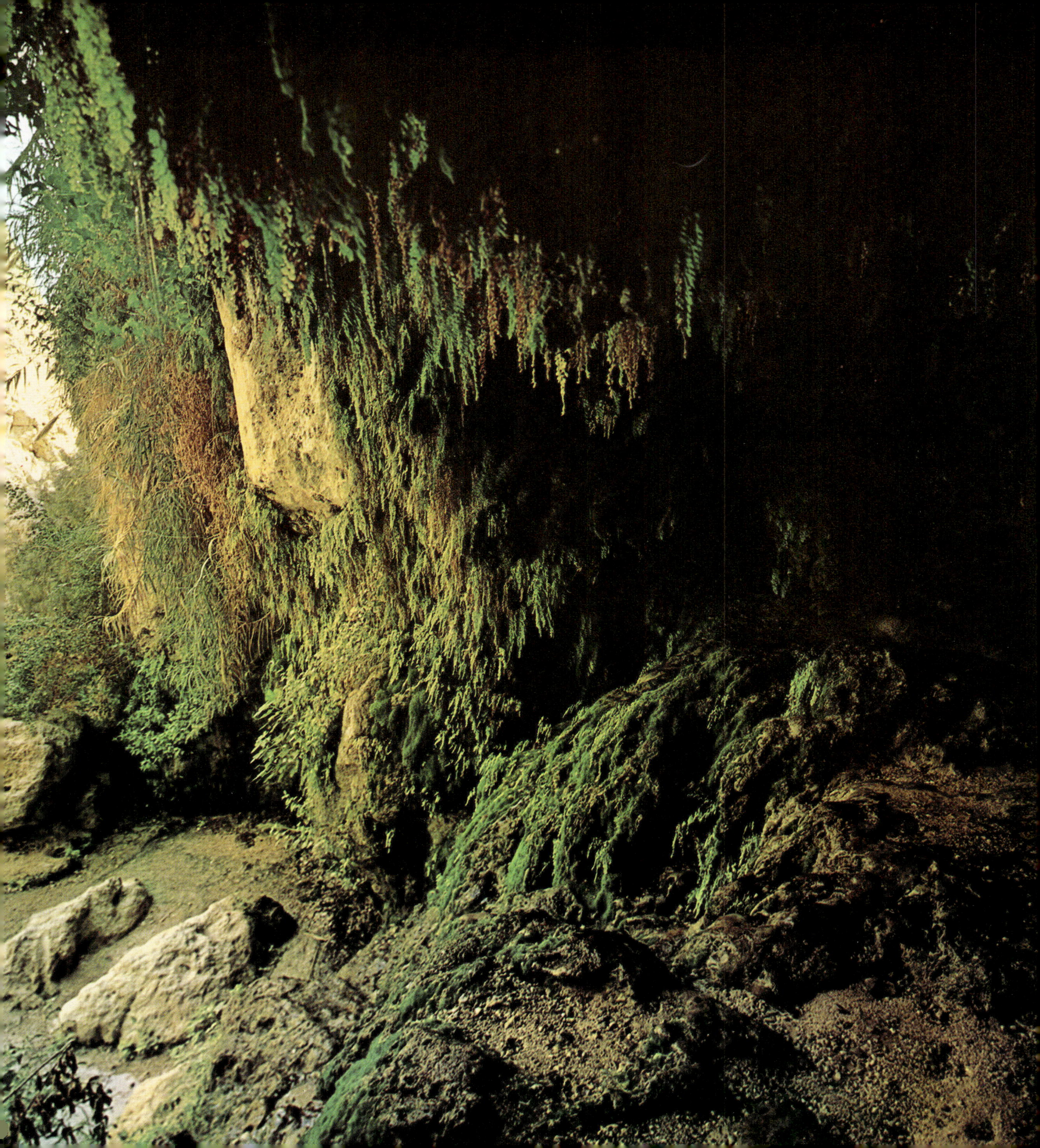

Judäa und Samaria

lied unsterblich gemacht hat. Diese pastorale Dichtung, dieses unvergeßliche Liebeslied gehört heute zu den Heiligen Büchern Israels. Rabbi Akiba, der größte unter den Gelehrten des Talmud, betrachtet es als »die Allerheiligste der Heiligen Schriften der Bibel«.

Seit Jahrhunderten streiten sich die verschiedenen Schulen über die Interpretation des Hohenliedes. Manche wollen in ihm nur ein echtes, wunderbares Liebesgedicht sehen. Die vorherrschende Interpretation ist es aber nicht: für die meisten großen Kommentatoren handelt es sich hierbei nur um ein Symbol und eine Allegorie der mystischen Vermählung Gottes mit der Knesset Israel (die Gemeinschaft Israels).

Aber in der beseligenden Ruhe von Ein Gedi, in seinen Grotten und in seinen Quellen sind diese theologischen Streitereien ohne Bedeutung. Belassen wir es bei diesen Liebesliedern großer Vorfahren und begnügen wir uns mit dem Gedanken, daß sie in allerhöchstem Maße die einschmeichelnde Kunst der Andeutung beherrschten.

Oase Ein Gedi

Im ersten Kapitel des Hohenliedes kann man lesen: »Mein Geliebter ist mir wie eine Zypertraube in den Weinbergen von Ein Gedi.« In der Wüste Judäas, zwischen dem unwirtlichen Toten Meer und Massada mit seinen düsteren Vorbergen, liegt **Ein Gedi** (die Quelle des Zickleins), eine Oase. Sie ist zum Ausruhen und zur Freude erschaffen.

In einer der **Höhlen von Ein Gedi** suchte David Schutz vor dem Zorn Sauls. Aber diese Stätte bukolischer Frische, diese angenehm kühle Grotte hat vor allem die leidenschaftliche Liebe Sulamiths zu König Salomo gesehen. Erinnert man sich dieser Seite in der bewegten Geschichte des Königs und Dichters, flüstert so mancher junge Israeli in Ermangelung einer Inspiration seiner Schönen die Liebesworte zu, die Salomo in seinem Hohe-

Grotten von Ein Gedi

Ein Gedi – Die Quellen

Judäa und Samaria

In **Massada** legen die jungen Rekruten des Tsahal (der israelischen Armee) den Eid ab: »Massada wird nicht ein zweites Mal fallen.« Denn dort begann das lange Exil der neunzehn Jahrhunderte.

Die steile, eindrucksvolle und von Tragik umwitterte Kuppe Massadas ist zweifellos der von der jungen Generation Israels, den Sabres, am meisten verehrte Wallfahrtsort. Der kollektive Selbstmord von neunhundertsechzig Fanatikern, in ihrer Festung von den römischen Truppen des Flavius Silva belagert, spricht die Phantasie der jungen Israelis in einer Sprache an, die sie verstehen: die der Tapferkeit. Für sie ist Massada Zeuge eines Vorgangs, in dem sie sich selber wiedererkennen, freie und stolze Bürger, und nicht, wie ihre Väter, Objekte der Launen anderer Völker.

Der Nationalkult Massadas hat einen Vorläufer: den Archäologen Yigael Yadin, den ersten Stabschef der israelischen Armee. 1963 ergriff er die Initiative, an Freiwillige auf der ganzen Welt zu appellieren. Die Arbeit, die die verschiedenen Mannschaften zu einem erfolgreichen Abschluß brachten, offenbarte die Schätze dieser Festung, die Herodes der Große als uneinnehmbar erbaut hatte.

Riesige Zisternen, Lager, Synagogen, rituelle Bäder, Katapultsteine, Schmuckstücke, Gebeine und Überreste von Vorräten wurden ausgegraben und ans Tageslicht befördert. Sie erzählen von dem außergewöhnlichen Abenteuer jener Fanatiker, die der Schande den Tod vorzogen.

Bis 73 widerstand Massada dem römischen Eroberer. Flavius Silva richtete sich auf eine lange Belagerung ein. Nachdem die Römer eine Vormarschrampe erbaut hatten, katapultierten sie riesige Steine in die jüdische Festung, die noch heute ihren Boden übersäen. Eleasar ben Jair, Anführer der Zeloten, überzeugte seine Gefährten davon, den Freitod zu wählen.

Der jüdische Historiker Flavius Josephus, Chronist des *Krieg der Juden*, schildert den Anblick, der sich den Römern bot, nachdem sie auf die Höhe der Festung gelangt waren: »Sie fanden eine große Menge Toter. Anstatt sich darüber zu freuen, denn es waren doch ihre Feinde, konnten sie sich nicht genug tun, es zu bewundern, daß so viele Juden mit so großer Todesverachtung einen solchen Entschluß gefaßt und durchgeführt hatten.«

Heute kennen die jüdischen Schüler, die diese Weihestätte der Tapferkeit Israels besuchen, den Aufruf Eleasar ben Jairs an seine Kampfgefährten auswendig: »Schon seit langem habt ihr euch, meine tapferen Gefährten, entschlossen, weder das Joch der Römer noch ein anderes auf euch zu nehmen, denn ihr erkennt nur ein einziges an: das Gottes... Sollen unsere Frauen sterben, bevor sie geschändet werden, und unsere Kinder, bevor sie die Sklaverei kennenlernen... Schonen wir nur unsere Vorräte: sie werden der greifbare Beweis dafür sein, daß wir nicht durch Entbehrungen bezwungen worden sind, sondern daß wir, getreu unserem vom ersten Augenblick an gefaßten Entschluß, den Tod der Sklaverei vorgezogen haben.«

Der Felsen von Massada

Massada – Riesige, in den Felsen gehauene Zisterne

Festung Massada, und unten rechts, die Ruinen der von den Belagerern angelegten Befestigungen

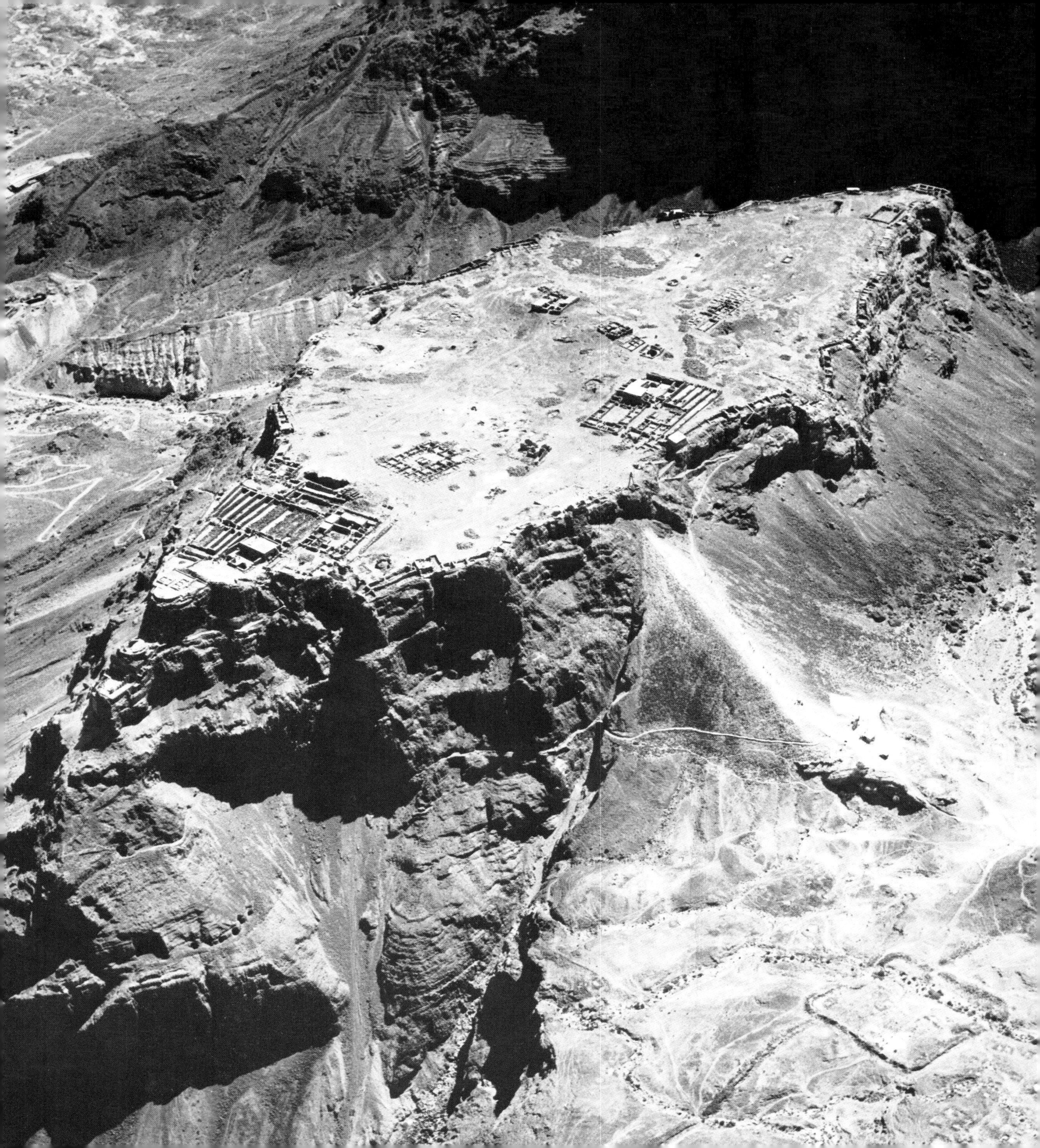

6
Der Negev und das Rote Meer

Hotel im Negev

»Aber die Wüste und Einöde wird lustig sein, und das dürre Land wird fröhlich stehen und wird blühen wie die Lilien.« Jesaja

Am frühen Morgen sollte man die Straße nach **Beer-Scheba** entlangfahren, bevor die für gewöhnlich sengende Hitze des Negev diese kahle Weite erstickt hat, so lange ihre ausgedörrte, trostlose Erde noch von einem morgendlichen Dunst bedeckt ist. Schon bald wird die Sonne erbarmungslos herabbrennen. Sie wird diese ausgezehrte Landschaft erdrücken, die sich von Beer-Scheba und Arad bis zum Golf von Elath hinzieht. Riesiges Wüstendreieck, lebendig tot, das Jahre der künstlichen Beatmung und hartnäckiger Arbeit nur mühsam haben wiederbeleben können.

In dieser Wüste haben die weißen Betonblocks, die die schimmernde Hauptstadt des Negev ankündigen, etwas Ungewöhnliches, fast Unwirkliches an sich. Inmitten dieser wüstenhaften, unwirtlichen Region ist Beer-Scheba die moderne, nervöse, geschäftige Stadt. Sie wurde in aller Eile, ohne architektonische Besonderheiten auf dem Sand erbaut: ungeduldige Einwanderer mußten untergebracht werden.

Beer-Scheba, Tor zur Wüste, ist in erster Linie die Stadt der Beduinen. Man wird sie häufig zu sehen bekommen, mit ihren scharf geschnittenen Gesichtern, den Kopf von der traditionellen *Keffije* bedeckt, wie sie mit einer Gelassenheit, die zu ihrer Lebenskunst gehört, dahinwandern und ihre Kamele vor sich her treiben.

Es sind fast dreißigtausend, die sich für das Nomadenleben entschieden haben und von den Straßen weit entfernt an irgendeiner Stelle der von der Sonne verbrannten Pisten ihre Zelte aufschlagen. Am Ende der Woche finden sie sich zum **Wochenmarkt** vor den Toren der Stadt wieder ein. Manchmal erhebt sich der Wind, dann hat der Markt ein Ende. Sie kehren in ihre Lager in der unberührten, wilden Wüste zurück, die ihr Freund ist. Es kommt vor, daß sie dem vertrauten Raunen der Wüste Melodien folgen lassen, gespielt auf Instrumenten, die sie selber herstellen.

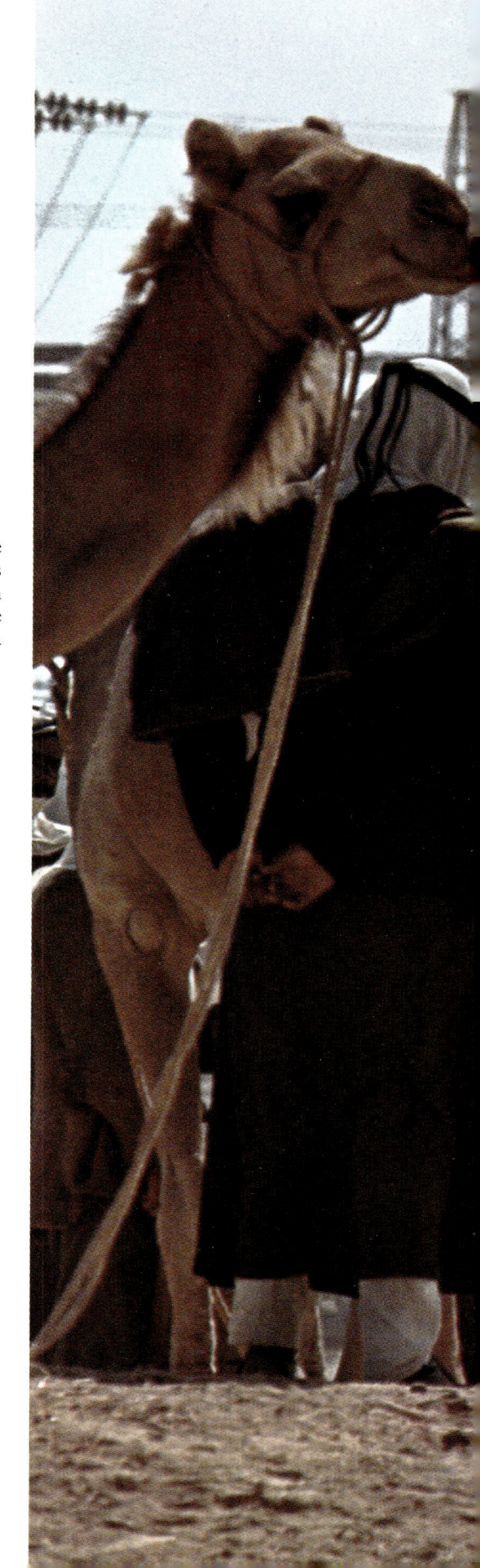

Markttag in Beer-Scheba

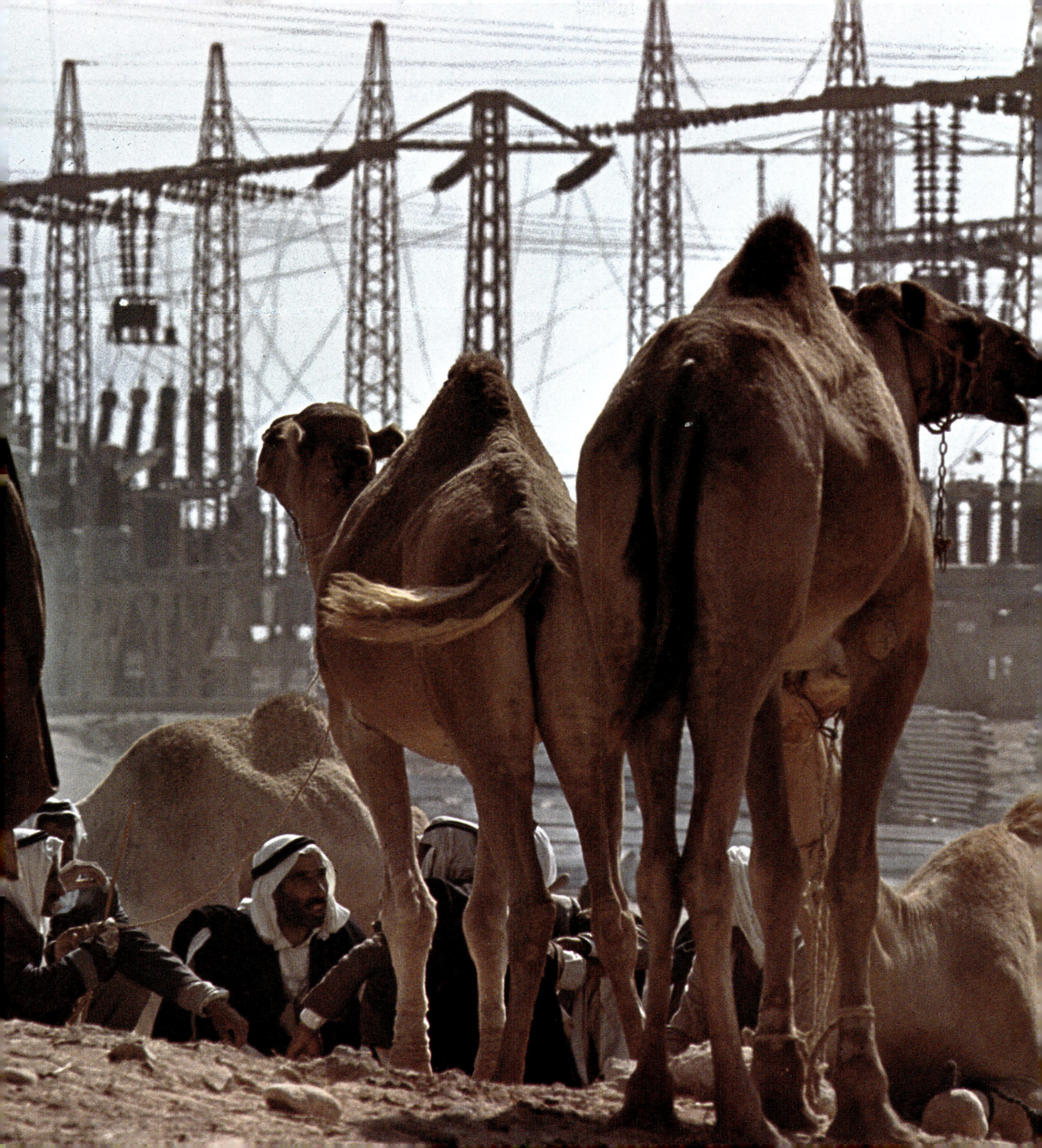

Der Negev und das Rote Meer

Die Beduinen sind vielleicht die letzten freien Menschen in diesem Gebiet. Werden sie sich morgen von den Annehmlichkeiten der städtischen Zivilisation verlocken lassen? Wie es scheint, hat man für sie den Bau eines Wohnviertels in der Nähe von Beer-Scheba vorgesehen. Werden sie einverstanden damit sein, ihr Nomadenzelt gegen das Betonhaus, ihr Kamel gegen das Auto und ihre Keffije gegen einen Anzug zu tauschen?

Viertausendfünfhundert von ihnen sind heute als Landarbeiter in Israel tätig, davon tausend Mitglieder der Histadruth. Aber selbst wenn sich diese Beduinen von den Fluten der großen sozialen Veränderungen mitreißen lassen, »Wasser plus Elektrizität«, bleiben sie doch zutiefst einer gewissen Idee verbunden, die nur ihnen allein gehört, der Vorstellung eines unverfälschten Glücks ihres Volkes. Diese Söhne des Windes und der Sonne werden stets jene Wüste leidenschaftlich lieben, die ihnen so vertraut ist.

Beduinen unter ihrem Zeltdach

Beduinen des Negev

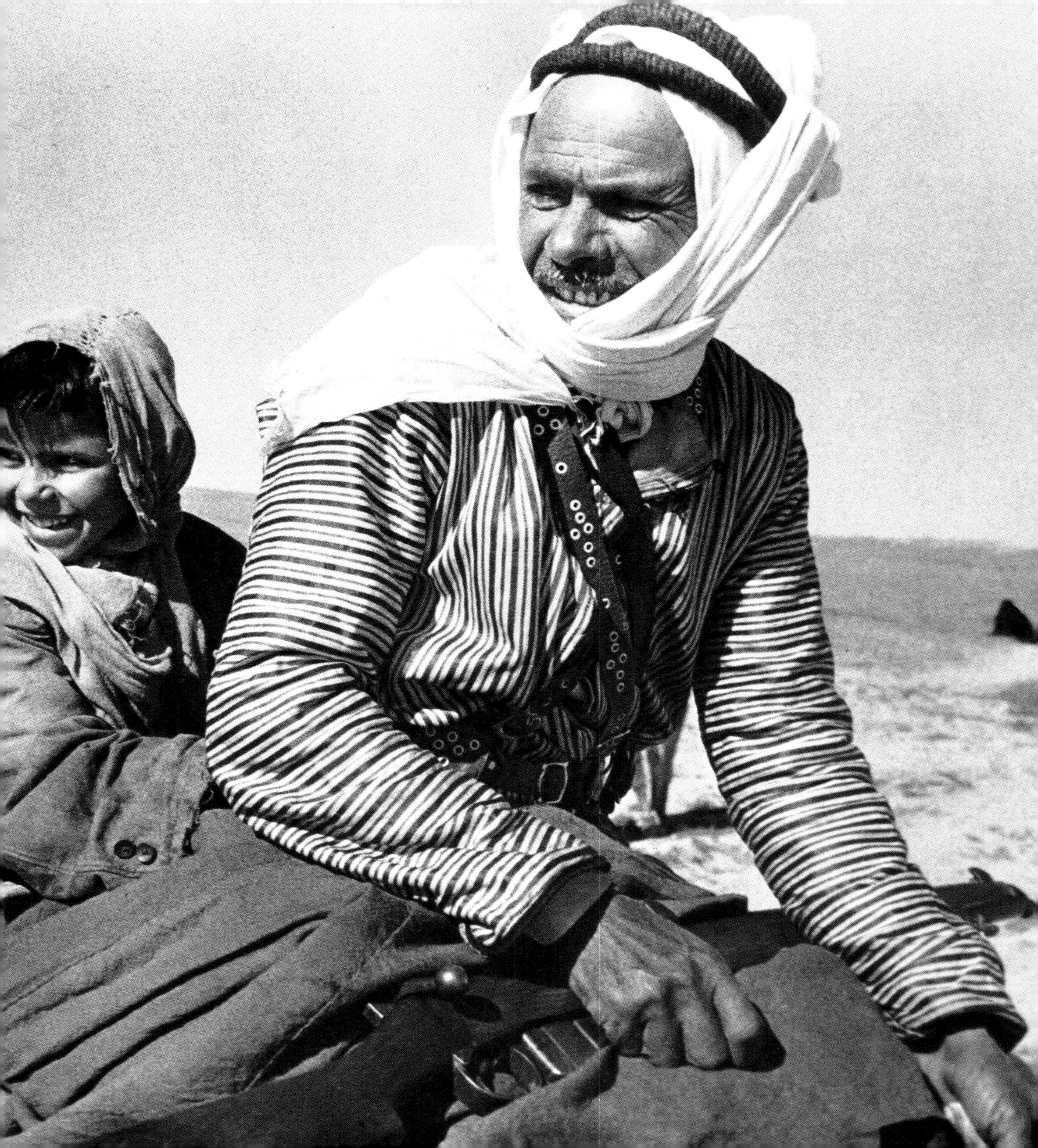

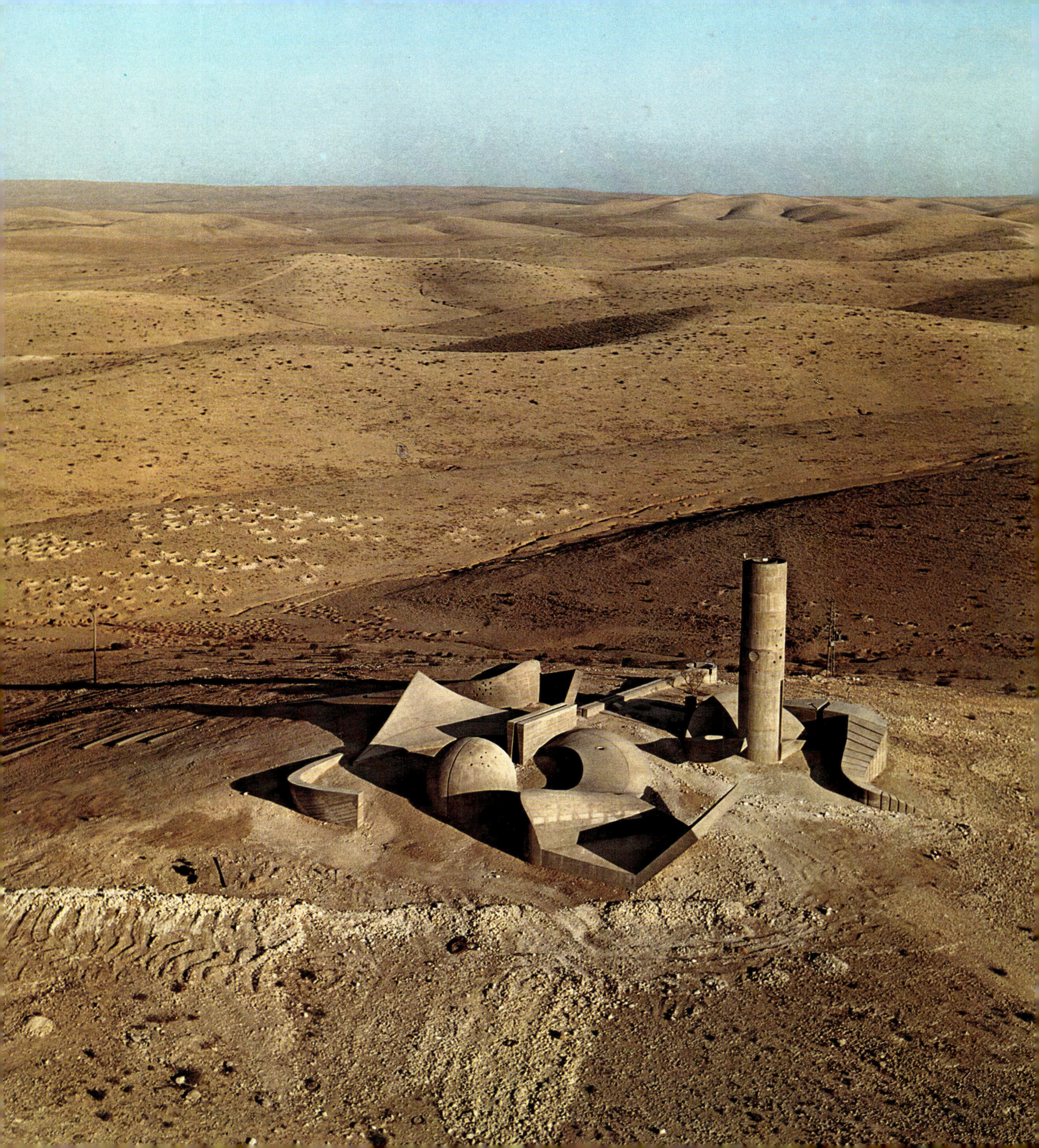

Das Zentrum von Beer-Scheba ist ein lärmender Bienenkorb. Breite Straßen, starker Verkehr, Luxushotels für amerikanische Millionäre, Diskotheken – nichts fehlt dort. Dennoch genügt es, einen Blick von der Höhe eines der Gebäude an der Peripherie auf die Sandfluten zu werfen, die sich bis an die Häuserfronten heranwälzen, um zu begreifen, daß hier auch der kleinste Halm einem echten Sieg über die Natur entspricht.

Auch die Nabatäer haben vor rund zwei Jahrtausenden versucht, die Wüste zurückzudrängen. Nachkommen Nabats oder Nabajots, eines Sohnes Ismaels – er selber ein Sohn Abrahams und der Hagar –, hatten sich diese Nomaden von Arabien kommend im Negev niedergelassen. Dort hatten sie Städte gebaut, darunter Avdat, das heute nur noch eine Zwischenstation an der Straße von Beer-Scheba nach Elath ist. Sie hatten die Wüste fruchtbar gemacht, indem sie die Regenwasser an den Hängen entlang auffingen und sammelten. Ohne jede Oase oder die geringste Quelle machten die Nabatäer auf diese Weise Avdat zu einer Stadt des Wassers und dadurch zur wirklichen Drehscheibe des Negev zwischen dem Roten Meer, dem Toten Meer und dem Mittelmeer.

Heute befassen sich in Beer-Scheba die Ingenieure des **Instituts für Dürrezonen** mit dieser alten Geschichte der Nabatäer. Und unter den zur Behebung des Problems des Wassermangels vorgesehenen Lösungen haben sie die Entsalzung des Meerwassers in Aussicht genommen, ein vom Ingenieur Alexander Zarkhin entwickeltes Verfahren, die Ausnutzung der Sonnenenergie, aber auch die alte Methode der Bewahrung der wenigen Regenfälle. Außerdem untersucht man einen für das ganze Land gültigen Bewässerungsplan; er sieht die Verwendung des bei Tiberias entnommenen Wassers vor, mit dem die ganze Wüste durch riesige Rohrleitungen bewässert werden soll.

Beer-Scheba – Institut für Dürrezonen

Institut für Dürrezonen – Speicher für Sonnenenergie

Denn der Kampf ums Wasser ist das große Problem in diesem Gebiet. Auf jeden Fall war er für die ersten Pioniere im Negev die qualvollste Erfahrung. Auf einem der Hügel von Beer-Scheba weist eine monumentale Skulptur von Dani Karavan, **das Ehrenmal für die Brigade Palmach**, nach surrealistischer Art auf diese Schlacht um die Eroberung des Negev im Jahr 1948 hin. Ben Gurion sollte später erklären, daß dies Dünengebiet ihm mehr am Herzen liege als die Altstadt von Jerusalem. Inmitten des Bauwerks erinnert eine in der Mitte gespaltene Kuppel, an ein zerbrochenes Herz gemahnend und von Löchern durchbohrt, an die Granateneinschläge. »Das beschwört«, sagt Karavan, »die Erinnerung an die Toten und gleichzeitig an den Kampf ums Überleben herauf.«

Der Negev ist eine Landschaft vom Ende der Welt. Aber für Männer wie David Ben Gurion ist er auch der Anfang einer neuen Welt.

Ehrenmal für die Brigarde Palmach von Dani Karavan

Ein Hatseva – Wehrbauern

Das Wasser, die neuen Straßen, die Elektrizität und die Industrie haben die alte Wüstenlandschaft des Negev verwandelt. Auf der Ebene von Arava, im Süden, ist die landwirtschaftliche Entwicklung der Wüste am meisten spürbar. Tausende von Hektar sind kultiviert worden: Feldfrüchte, Pflanzungen mit Zitrusfrüchten... Es wurden rein landwirtschaftliche Dörfer gegründet. In der großen Weite, die sich vom Toten Meer bis nach Elath erstreckt, sind Kibbuzim entstanden: **Ein Hatseva**, Ein Gedi, Ein Rakov, **Jotvata** und Grafith. Den Bewohnern dieser Wüstendörfer ist allen das gleiche Ziel gesteckt: das Leben in einer steinigen Umgebung keimen, die Steppe wie eine Rose aufblühen zu lassen.

Gewiß, im Negev können nicht alle Pflanzen gedeihen, aber einige von ihnen wachsen dort besser als irgendwo anders. Das schwüle Klima von Arava eignet sich besonders für den Anbau von Obst und Gemüse, die man viermal im Jahr erntet, und das ermöglicht, Tomaten oder Frühkartoffeln zu Konkurrenzpreisen auf die europäischen Märkte zu exportieren.

Im Kibbuz Jotvata, nicht weit vom Toten Meer entfernt, hat man Felder mit Rosen und Gladiolen angelegt. Weiter im Süden, in Bir Ora, »der Brunnen des Lichts«, von den Beduinen »Brunnen des Schattens und des Todes« genannt, haben junge Angehörige des Nachal, Wehrbauern, wahre Wunder auf landwirtschaftlichem Gebiet vollbracht. In diesem Land der Felsen und Sümpfe ist es diesen Pionieren gelungen, künstliche Kulturen von Tomaten, Salaten und Bohnen anzulegen, und das in einfachen Becken, die gewisse Nährlösungen enthalten.

Im Negev haben die jungen Menschen noch weit mehr als woanders die Phantasie zur Herrschaft gebracht. Tatsächlich liegt etwas Unwirkliches und Wunderbares über diesen grünen Flächen, wo automatisch rotierende Bewässerungsstrahlen sich in einem beschwingten Tanz treffen und eine angenehme Kühle verbreiten, während sich in der Ferne sandige Leere und eine Landschaft des Nichts ausbreiten.

»Das Ende der Welt«, so bezeichnen die Pioniere von Neot Hakikar ihre kleine entlegene landwirtschaftliche Gemeinschaft. In diesem kleinen verlorenen Winkel am Ende des Negev, erst vor einigen Jahren von einigen Träumern gegründet – unter ihnen ein Pariser Journalist –, begegnen sich seither unverbesserliche Idealisten, von der Liebe Enttäuschte, Nachzügler des Lebens und Verzweifelte, die es noch einmal versuchen, wieder an die Oberfläche zu steigen und weit von den Grenzen einer tobsüchtigen Welt entfernt wieder geboren zu werden.

»Als ich zum erstenmal nach Neot Hakikar gekommen bin, habe ich gedacht: diese Menschen sind verrückt.« Der Mann, der so spricht, David Ben Gurion, hat einer ganzen Generation den Weg in die Wüste gewiesen, indem er die behaglichen Räume der Ministerien in Jerusalem aufgab, um im Negev seinen Garten in Sde Boker zu bearbeiten.

Palmenhain im Negev (*oben*) Kibbuz Jotvata – Pflanzungen (*unten*)

Negev – Anpflanzungen mitten in der Wüste (*folgende Doppelseite*)

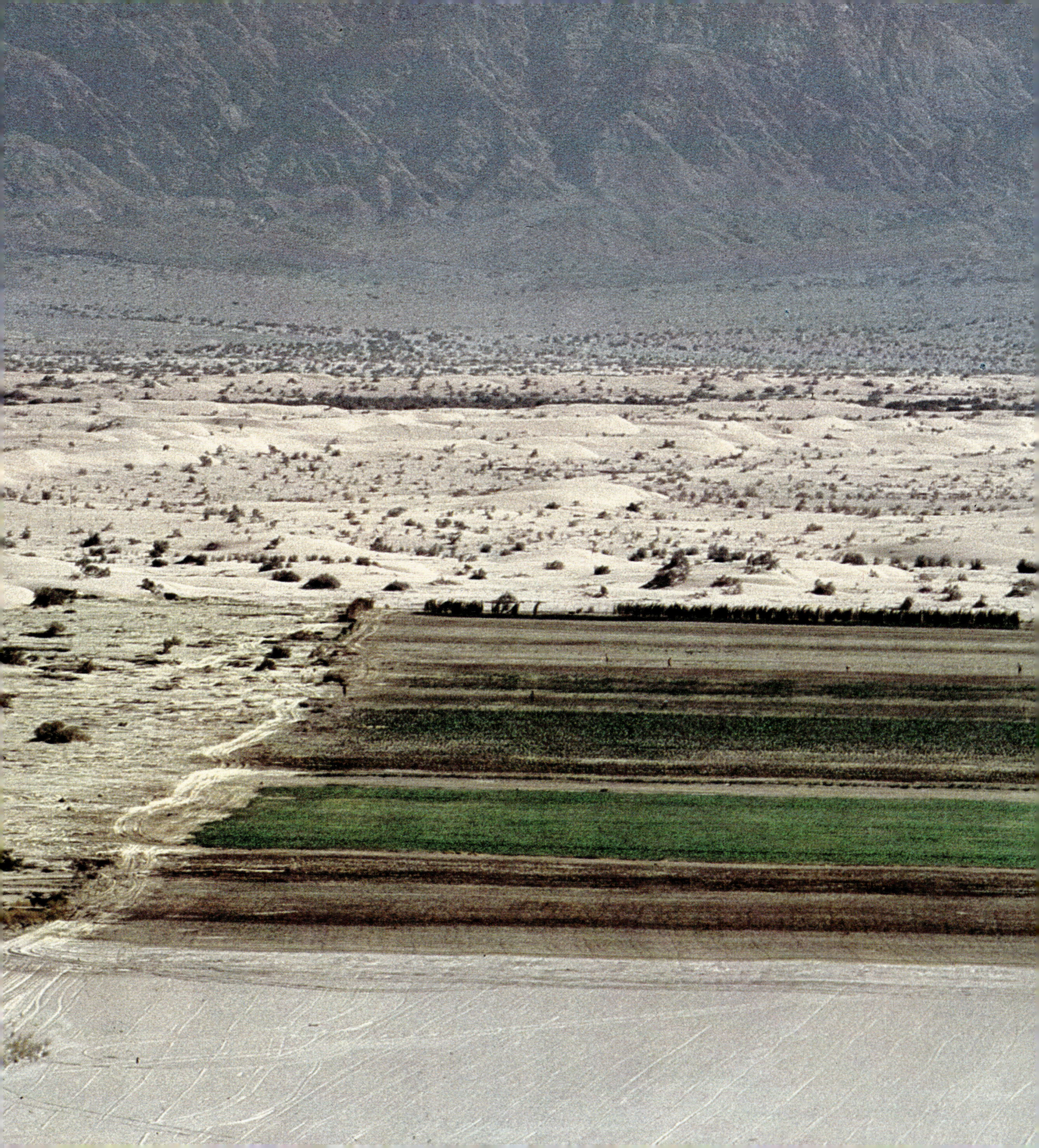

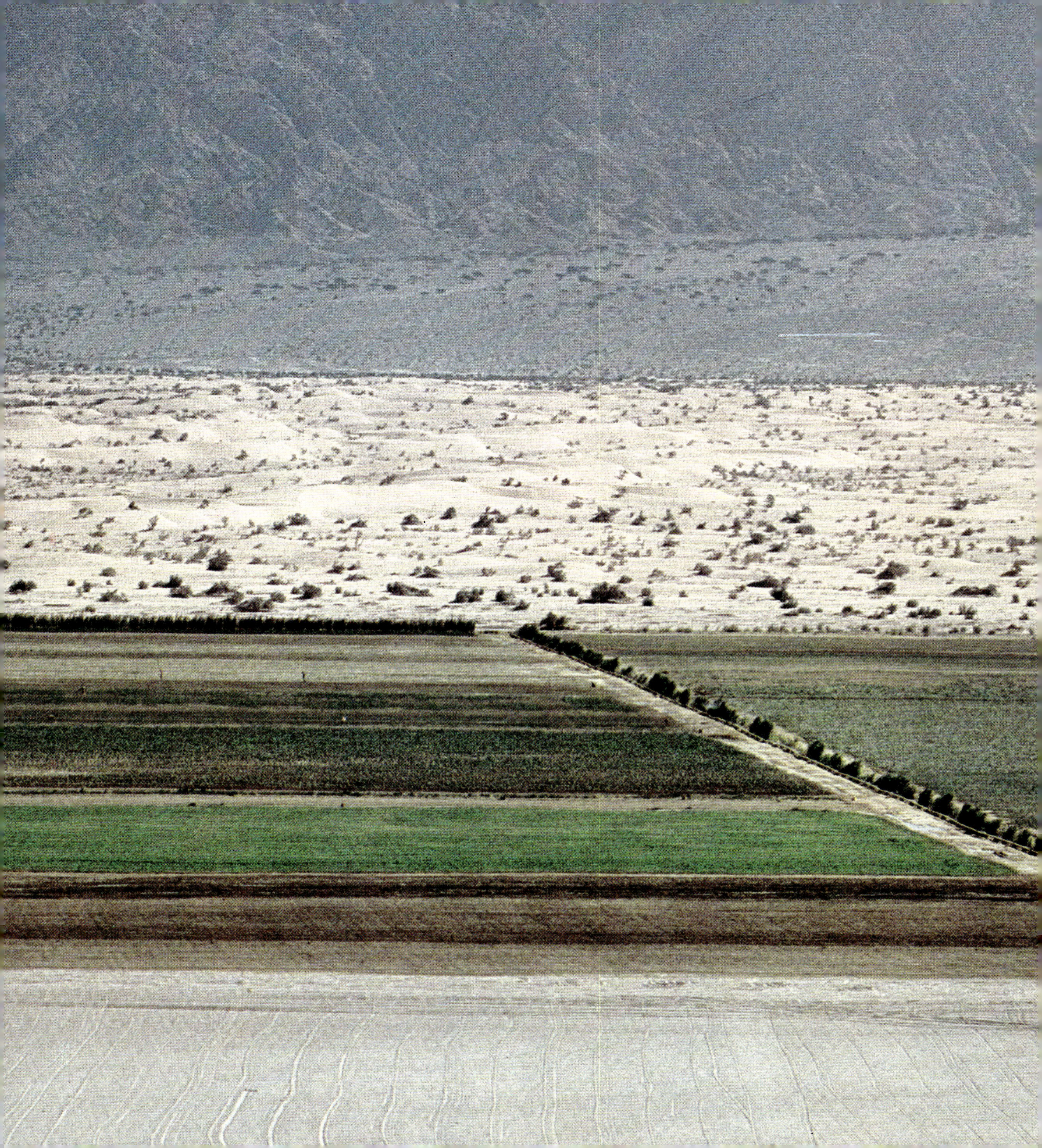

Der Negev und das Rote Meer

Arad

Ein Bokek

Beer-Scheba

Arad, Beer-Scheba, Dimona, Kyriat Gat ... wie Pilze aufgeschossene Städte. Alle haben die gleiche Geschichte. Man hat sie weiß, modern und funktionsgerecht mitten in die Wüste gesetzt; sie alle haben etwas Unvollendetes, und das ist das Kennzeichen eines sich ständig verändernden Negev.

Unter dem Zwang der Notwendigkeit sind diese Städte zu schnell gewachsen. Zuerst hat man ziemlich auf gut Glück kleine Wohnblocks aus Beton aufgeführt, die inmitten einer rosigen Erde standen. Dann kam das Grün. Und es erschienen die kleinen Geschäfte. Daraufhin wurden breite Straßen angelegt. Aber an ihrem Ende breitet sich noch immer der Wüstensand aus.

Uralte Siedlung der Patriarchen, wo Abraham seine Herden zur Tränke führte, und wo Moses eine Frau suchen ging; Beer-Scheba (Brunnen des Schwurs) verdankt seinen Namen dem Bund zwischen Abimelech, König der Philister, und dem ersten Monotheisten. Die Bibel berichtet: »Weil sie beide miteinander da geschworen haben.«

Bis 1948, das Jahr des Kampfes um den Negev und der Gründung des Staates Israel, war Beer-Scheba in diesem Gebiet die einzige Stadt und besaß eine zahlreiche arabische Bevölkerung. Die einst arme, ausgedörrte Stadt ist innerhalb einiger Jahre zu einem wirtschaftlichen und kulturellen Zentrum und zum beliebtesten Ort bei den Juden aus Nordafrika geworden.

In Arad, der jüngsten der Städte im Negev, rasch zum Universitätszentrum aufgestiegen, haben sich die jungen Sabarim niedergelassen. Für sie ist diese Vermählung mit der Wüste der zweite Atemzug des Zionismus. Dort trifft man viele Studenten aus dem Ausland, die dort »ihre Muttersprache«, nach einem Ausdruck des Dichters Claude Vigée, wiederentdecken wollen.

Dimona, auf halbem Weg zwischen Beer-Scheba und Sodom, wurde 1955 gegründet, um den Angehörigen der Werke am Toten Meer als Wohnort zu dienen. Dort bereitet, wie es heißt, Israel insgeheim seine künftige nukleare Streitmacht vor...

Schließlich **Ein Bokek**, in der Nähe des Toten Meeres, das wegen seiner Thermal-Schwefelquellen bekannt ist. Diese Städte haben, mit Ausnahme von Beer-Scheba, nur wenig Geschichte. Dafür besitzen sie ihre Jugend und ihre Dynamik. Ihre Bevölkerung wächst unaufhörlich. Zweifellos haben die von der Regierung gewährten materiellen und steuerlichen Vorteile etwas damit zu tun, aber das Geheimnis des neuen Lebens im Negev muß man auch in der unerschöpflichen Kraft des Idealismus dieses Volkes suchen.

Ben Gurion erzählt, daß die jungen Pioniere von **Sde Boker**, als er sie befragte, ihm antworteten, daß sie dort den Kampf um die Unabhängigkeit Israels führten, indem sie die Wüste zähmten: »Die Jungen sagten: ›Wenn die Tibier früher hier haben leben können, können auch wir heute hier leben.‹ Darauf fragte ich sie: ›Darf ich mich euch anschließen?‹ Sie wirkten erstaunt, hatten aber nichts einzuwenden. Ende 1953 quittierte ich den Dienst und kam nach Sde Boker.«

Die Urbanisation des Negev

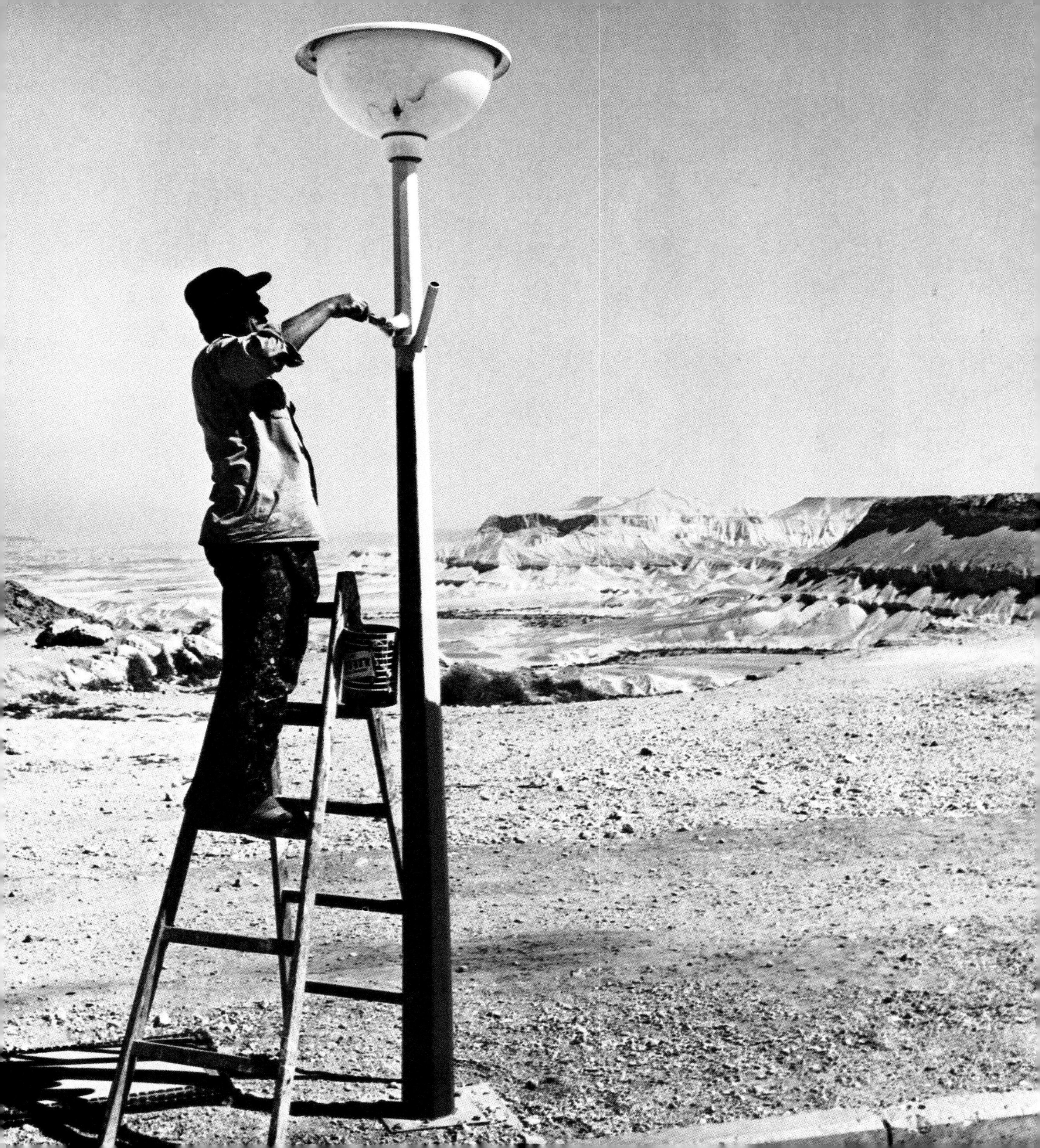

Der Negev und das Rote Meer

Timna – Die Bergwerke des Königs Salomo

An der Straße von Arava nach Elath halten wir in Timna, wo sich **die Bergwerke des Königs Salomo** befinden. Die Bibel berichtet, daß König Salomo in diesem Tal der Schmiede, das von einer gewaltigen Steilwand rötlicher Felssäulen überragt wurde, ungefähr tausend Jahre vor Jesus Christus Zehntausende von Sklaven für den Betrieb der Bergwerke und das Verhütten des Kupfers einsetzte. In der Überlieferung heißt es, daß in biblischen Zeiten der Wind »wie ein Blasebalg einer Schmiede« die Feuer in den Bergwerken des Königs Salomo anfachte. Heute bemühen sich die Israelis, dem Inneren dieses Tals seine Reichtümer zu entreißen.

Von Ezion-Gever aus (dem heutigen Elath) beförderten die Schiffe des alten jüdischen Königsreichs ihre Waren zu den Ländern Afrikas. Sie kehrten mit »Gold, Silber, Elfenbein, Affen und Papageien« beladen zurück. In Ezion-Gever stieg auch die Königin Saba an Land, als sie dem Dichter des Hohenliedes einen Höflichkeitsbesuch abstattete.

Im Negev bedeckt seit Jahrhunderten die Sandflut die Ruinen der prächtigen Schlösser, die die jüdische Geschichte mit solcher Geduld nachgezeichnet hatte. Hier schweigen die Felsen und verraten nichts von der Geschichte früherer Zeiten. Hier und dort jedoch klaffen riesige Wunden – so die Makhtechim von **Mitspe Ramon** – unter denen in früheren Zeiten ganze Städte begraben wurden.

Skulptur in Mitspe Ramon

Felsen im Negev

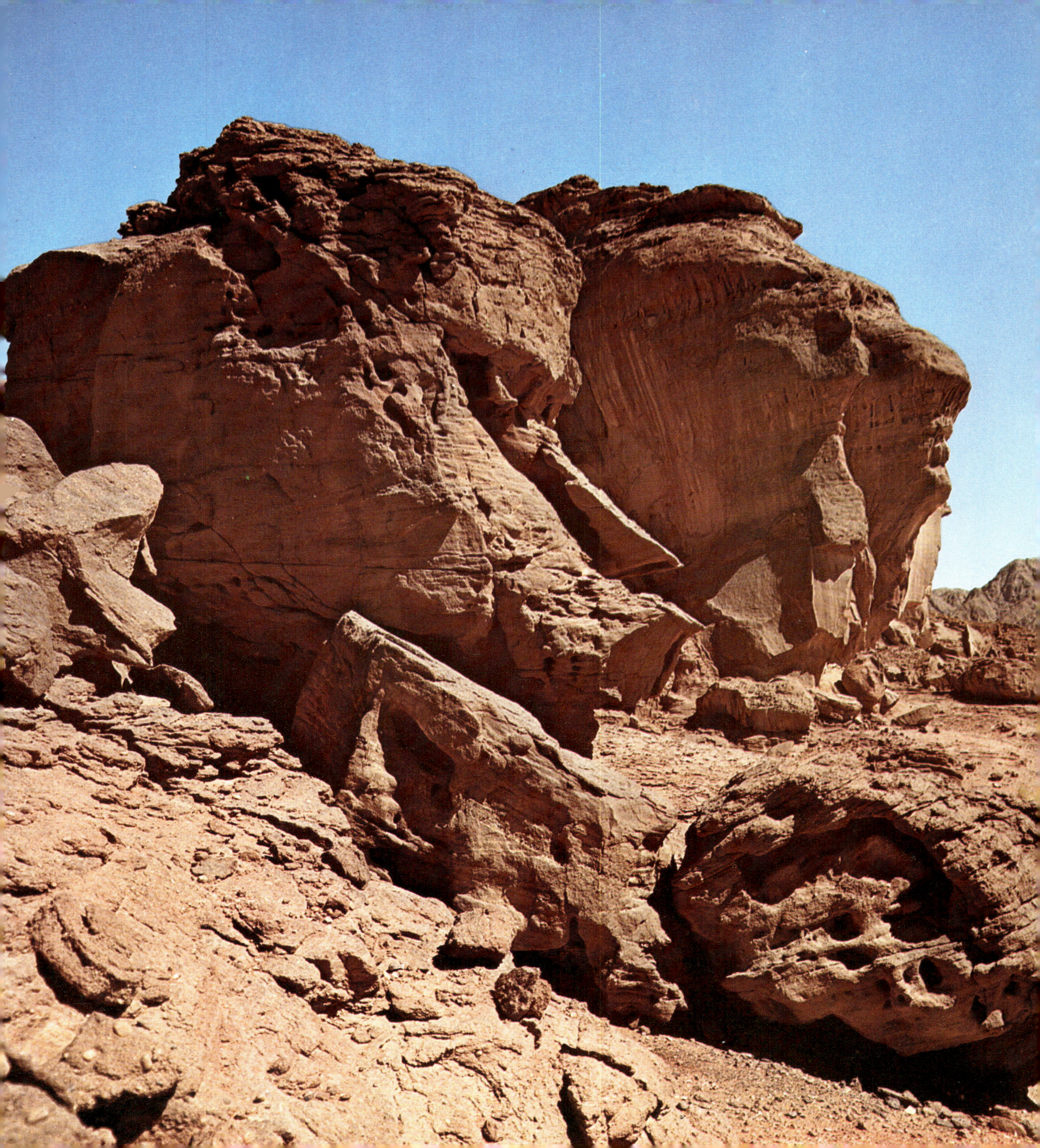

Der Negev und das Rote Meer

Die Landschaft um Mitspe Ramon

Der kleine Ort Mitspe Ramon mit seinen wenigen Holzbaracken ist ohne Bedeutung. Die Hauptstraße nach Süden, am Arava entlang gebaut, läßt ihn liegen und beachtet ihn nicht. Dennoch ist die Landschaft eine der eindruckvollsten, die man im Negev finden kann: es ist ein gewaltiges Felsenmuseum, in dem sich die Natur bemüht, ein Kunstwerk nachzuahmen, ein riesiges Labyrinth von Felsen, wild und verzerrt, und sich windende Straßen.

Auf der Hochebene von Mitspe Ramon (890 m Höhe) mußte der Prophet Moses dem Aufstand der hebräischen Defaitisten die Stirn bieten, die sich nach dem »frischen Fisch sehnten, den sie in Ägypten gegessen hatten.«

Heute haben sich zahlreiche Einwanderer aus Frankreich dort niedergelassen.

Erdarbeiten im Negev

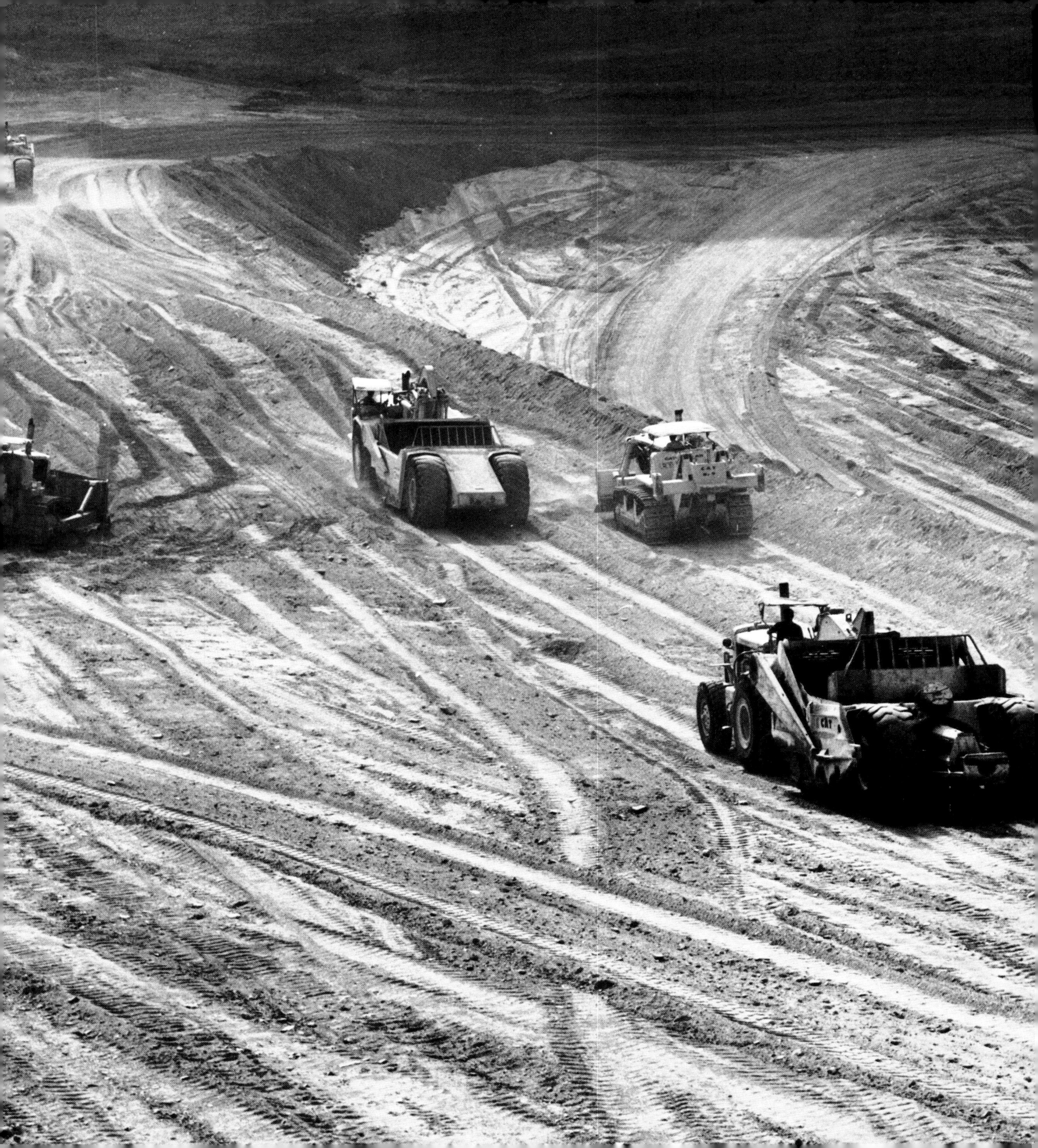
CAT

Der Negev und das Rote Meer

Meeresboden bei Elath

Elath

Zur Zeit des Königreiches Judäa war Ezion-Gever ständig ein Gegenstand des Neids bei den benachbarten Mächten. Denn dieser Hafen stellte bereits damals den Ausgangspunkt des Gewürzhandels und der Seerouten nach Afrika und nach dem Fernen Osten dar.

Für den Staat Israel ist der Hafen **Elath** heute das nach Afrika geöffnete Fenster, eine Luke, durch die dieses isolierte und noch immer geächtete Volk in aller Ruhe den Horizont betrachten kann.

Aber Elath ist auch gleichbedeutend mit einem klaren, durchsichtigen Meer, in dem es von buntfarbigen Fischen wimmelt, und mit der großartigen **Koralleninsel**, die der Stadt gegenüberliegt. Mit ihren schimmernden neuen Hotels, ihren Touristen, die aus allen Richtungen der Welt kommen, ist sie heute ein Ferienparadies. Es ist vorgekommen, daß israelische Schwimmer im Meer jordanische Schwimmer begrüßt haben, die vom Strand von Akaba herkamen.

Für zahlreiche Hippies in der ganzen Welt ist Elath heute zu einem zweiten Katmandu geworden. Im Sommer finden sie sich dort in Scharen ein, Weltreisende oder Gammler. Wenn sich die Hotels der Stadt auf sie verlassen wollten, würden sie Pleite machen: alle schlafen sie unter dem gestirnten Himmel am Ufer.

Der Golf von Akaba und die Koralleninsel

7
Der Sinai

»Dies ist der Berg, den sich Gott als Wohnsitz erwählt hat.«
Berechit Raba

Bei Anbruch ihrer Geschichte lernten die Hebräer die Wüste kennen. In dieser Zeit der Prüfung bewiesen sie häufig, wie sehr sie an das Erhabene zu rühren und über sich selbst hinauszuwachsen vermochten. »Ich habe mich häufig der Anmut der Jugend, der Liebe unserer Verlobung erinnert, als du mir in die Wüste folgtest, in ein unfruchtbares Land.« Dieser Aufschrei des Propheten zeigt es deutlich: **der Sinai** ist das Gravitationszentrum der kollektiven Erinnerung des jüdischen Volkes. Die Schriftgelehrten gehen noch weiter, wenn sie sagen, jeder Jude sollte sich so betrachten, als sei er in der Stunde der Offenbarung persönlich am Sinai anwesend gewesen.

Dort hat die mystische, stürmische und leidenschaftliche Vermählung Gottes mit Israel stattgefunden, ihre Begegnung in der Geschichte.

Diese Wüste sollte das Bewußtsein und das Empfindungsvermögen der Juden für alle Zeit zeichnen. Der Zivilisation und der Zucht des pharaonischen Ägyptens entronnen, sollten die Hebräer dort zuerst die physischen Verunreinigungen und alles Fremde aus den Jahren der Sklaverei abstoßen. Am Rand von Sinai befahl Gott seinem wiedergefundenen Volk, sich auf die Suche nach seiner Seele zu machen, seine Ordnung und seine eigenen Werte zurückzuerlangen. Dies dauerte vierzig Jahre, die Zeit, in der die in der Sklaverei aufgewachsene Generation verschwinden sollte, um ihren Platz Männern einzuräumen, die in ihren Entschlüssen frei waren.

Daher wurde der Sinai nur zu einem vorübergehenden Aufenthalt, aber auch zur Stätte der Wiedergeburt, des Auferstehens und der Erhebung eines Volkes, das durch die Verbannung in Ägypten geschändet war und nun die vergessenen Worte der alten Verheißung wiederfand.

Seitdem richten »die Durchquerung der Wüste« und »die Rückkehr in die Wüste« immer wieder ihre leidenschaftlichen Herausforderungen an die Propheten, so an Elias, der auf den Sinai floh, um in die ursprünglichen Quellen des Glaubens Israels zurückzutauchen.

Die Wüste Sinai ist in besonderer Weise der Ort, wo der Blick über das Nächstliegende hinwegschweift, um sich dem Wesentlichen und Absoluten zuzuwenden. Eine Legende des Talmuds berichtet, daß die Thora in aller Öffentlichkeit und am lichten Tag an einem Ort übergeben wurde, der niemandem gehörte, damit »ein jeder, der sie zu erhalten wünschte, komme und sie entgegennehme«.

Die Einsamkeit und die Stille, die dort herrschen, sind eine Begegnung mit Gott – Angesicht zu Angesicht. Im Hebräischen entspringt »Midbar« (Wüste) der gleichen Wurzel wie »Wort«. Das Prinzip der hebräischen Sprache verweist uns hier auf die Wechselbeziehung zwischen Wüste und Wort. Im Sinai offenbarte sich das Wort Gottes.

Seit dieser Offenbarung in dieser zerklüfteten, abgetöteten Landschaft, die den Atem anhält, treten Dichter und Einsiedler Gott gegenüber, um bis an die Grenzen ihrer selbst zu gelangen.

Blick auf den Sinai

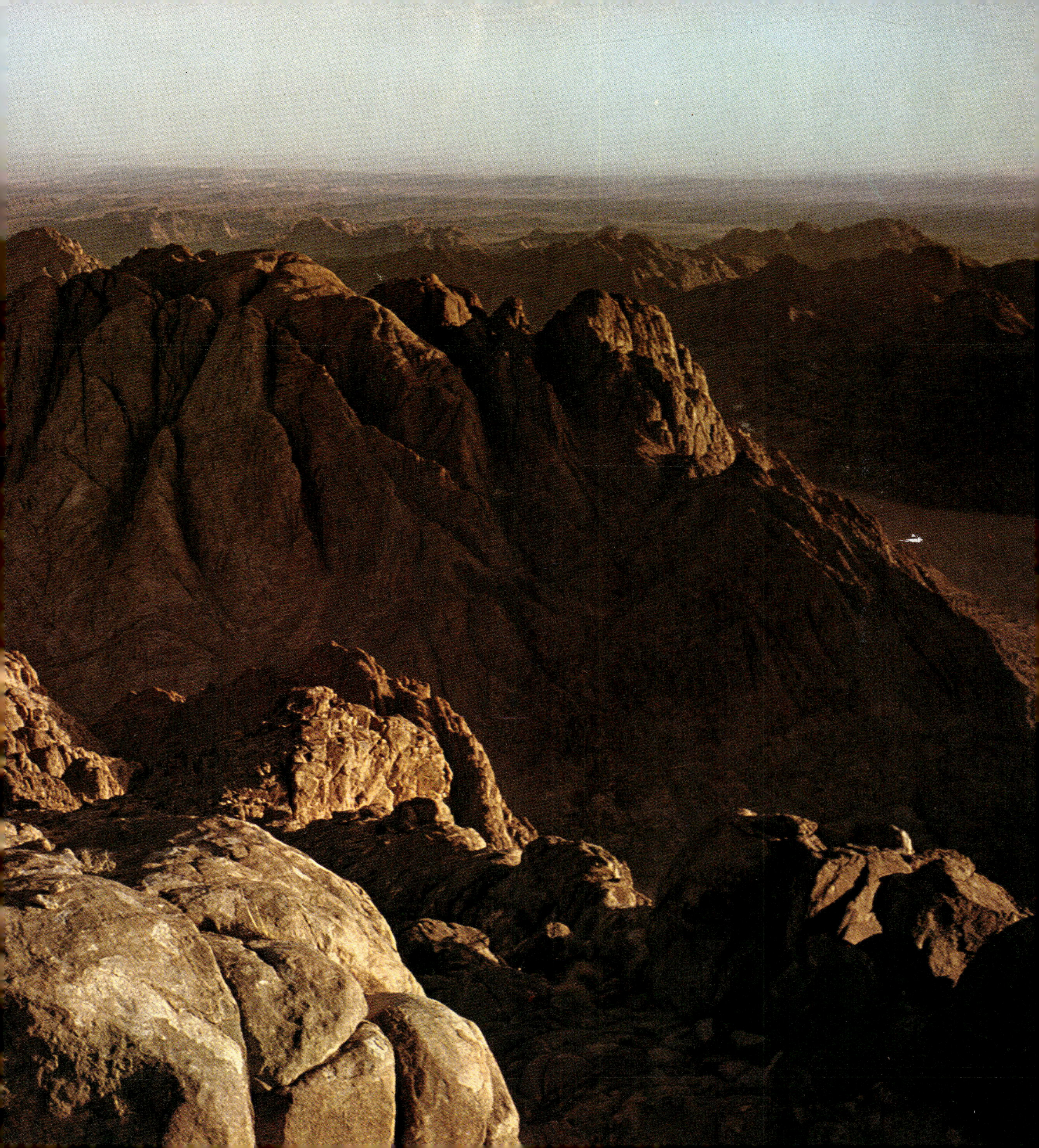

Der Sinai

Die Wüste Sinai

Einige ausgebrannte Rümpfe von Lastwagen und Panzern verrosten unter einer erbarmungslosen Sonne. Ein riesiges Dreieck von sechzig Quadratkilometern, unwirtlich und leblos, eine ausgesogene, ausgedörrte Erde, geschüttelt von den Raubzügen, den Einfällen der Araber und den modernen Kriegen: das ist der Sinai.

Diese Wüste ist zu allen Zeiten eine Zone des Zusammenpralls zwischen Afrika und Asien gewesen. Der Bau des Suezkanals hat ehrgeizige Bestrebungen dorthin gezogen, Begehrlichkeit geweckt. Drei große Durchbrüche durchlaufen ihn wie Adern vom einen Ende zum anderen: die Straße am Meer, die alte Via Maris, die Gaza bis Cantara durchquert; von Beer-Scheba bis zum Kanal; und die Straße der Pilger, die früher die arabischen Gläubigen nach Mekka und Medina führte.

Sehen wir von der Wüste der »**Drei Tage ohne Wasser**« ab, von der die Bibel spricht, so hat die Halbinsel nichts von der üblichen Sandebene an sich, die sich in sanften Dünen wie in Wellen hinzieht. Weiße strenge Höhenzüge; gewaltige steile Berge, zerklüftet und durch die Erosion der Wellen weißen Sandes, hier und dort von Tuffs vertrockneten Grases durchsetzt, zusammengedrückt: das ist die Wüste Sinai.

Roter, von rosa Pünktchen schimmernder Porphyr, grauer Gneis und milchiger Quarz schimmern unter den Strahlen einer goldenen, kupferfarbenen Sonne, verleihen den Bergen jene einzigartige Schönheit und laden zur Andacht ein.

Die drei höchsten Gipfel, die diese Halbinsel beherrschen, der Dschebel Moussa (2224 m), der Dschebel Katharina (2602 m) und der Dschebel Serbal (2053 m) ragen mit ihren mächtigen Wänden über einer zerklüfteten Landschaft auf. Am Fuß des Dschebel Moussa liegt eingeschmiegt das St. Katharinenkloster. Der eigentliche Berg Sinai der Bibel ist mit dem Serbal, nordwestlich des St. Katharinenklosters, identisch.

Im Sinai haben jedoch die Hebräer keine heiligen Spuren hinterlassen: dies war nicht der Ort für eine dauerhafte Besiedlung, sondern nur der ihrer Geburt. Im übrigen kennt die jüdische Tradition keine heiligen Steine. Es waren die Zeit, das Wort oder die Stille und die Erinnerung, die solche Stätten heiligten. Bevor die Hebräer in Jerusalem einen Tempel errichteten, um die Bundeslade unterzubringen, haben sie sie im Verlauf ihrer Leiden in einem bescheidenen Zelt aus Tierhäuten aufgehoben. In dieser Wüste hat das hebräische Volk gelernt, sich das Sinns der Ewigkeit und der Immanenz bewußt zu werden: das hat ihm geholfen, alle Exile zu überstehen.

*Der Berg Sinai
und das St. Katharinenkloster
(folgende Doppelseite)*

Die Wüste der »Drei Tage ohne Wasser« aus der Bibel

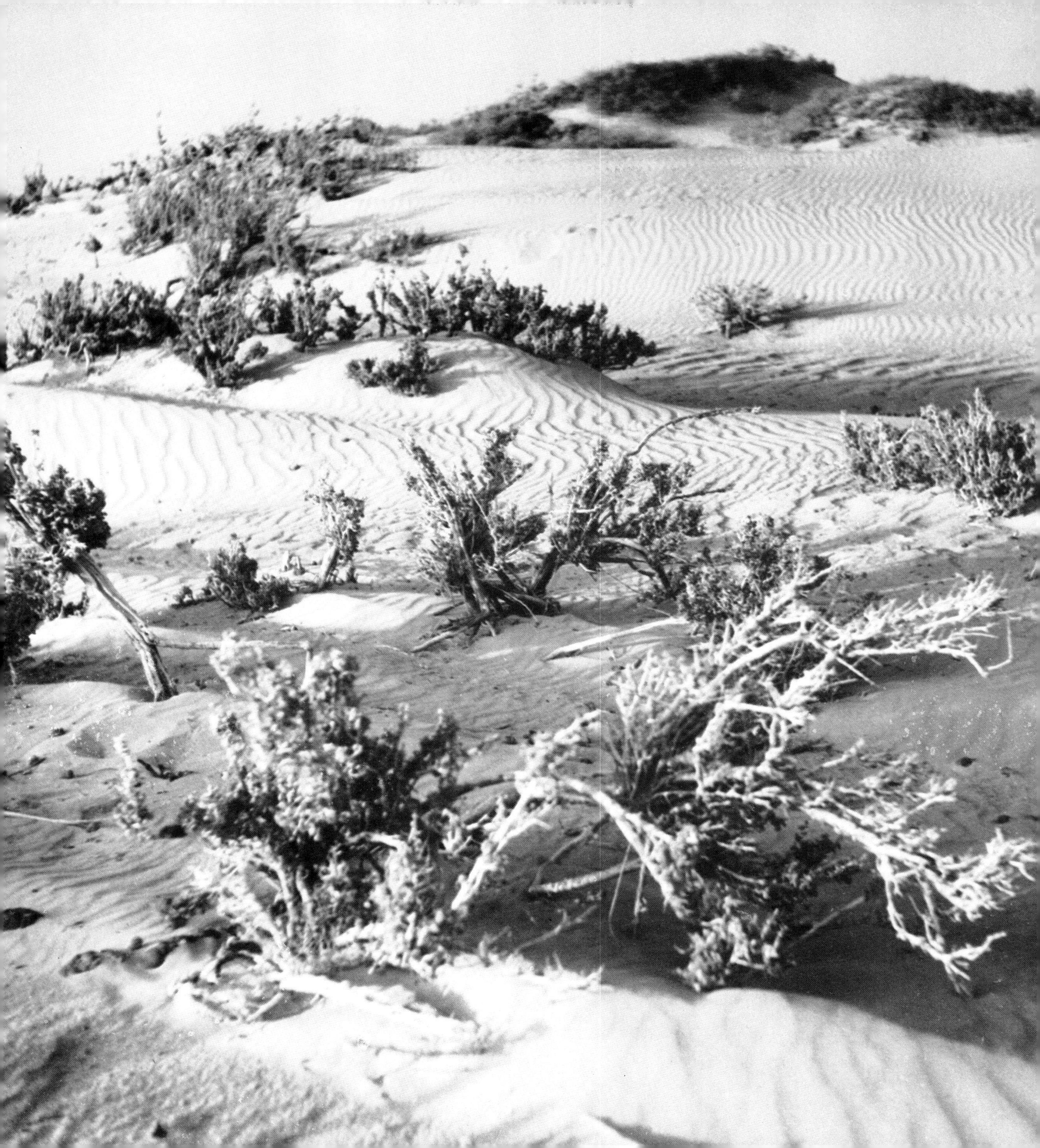

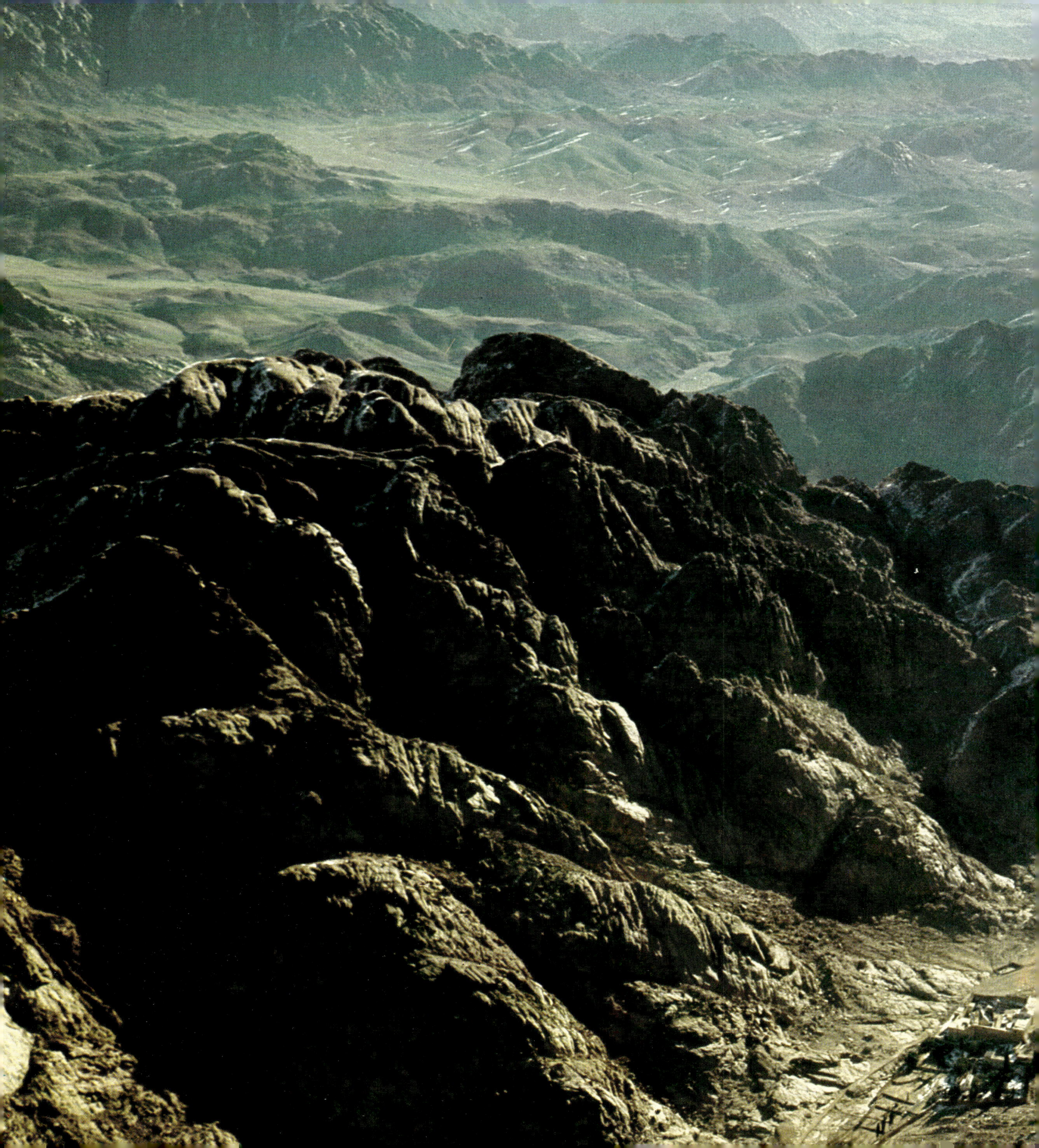

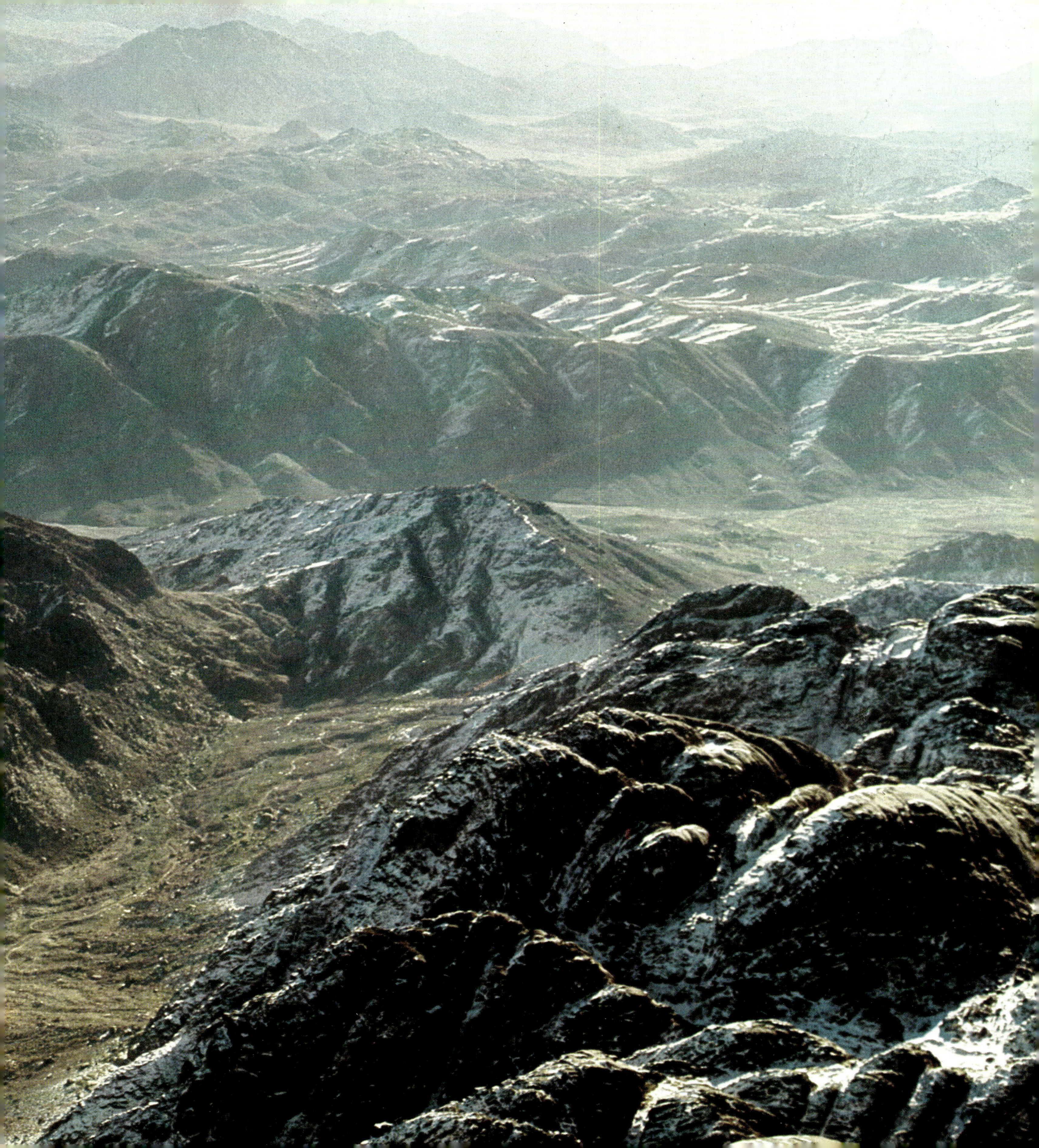

Der Sinai

Palmenhain von El Arisch

Die Hebräer, diese Menschen des kurzen Aufenthalts, des Jenseits der Grenzen, haben in der Wüste Sinai gelernt, die Verbindung zwischen Zivilisation, zwischen den Geschöpfen und zwischen den Welten herzustellen. Zweitausend Jahre des Exils, in deren Verlauf die Söhne des Wortes zu Nomaden wurden, zu den Verfechtern eines Sittengesetzes, das die Welt und die Geschichte befruchten sollte: zweitausend Jahre, das ist die großartigste »Durchquerung der Wüste«, die ein Volk jemals vollbracht hat.

Der Wassermangel im Sinai ließ die Hebräer gegen Moses, ihren Führer, murren. Die einzige große Oase ist die von Wadi Feiran, und in unserer Zeit empfängt der **Palmenhain von El Arisch** die Beduinen in seinem wohltuenden Schatten. Die Forscher sehen in ihm die Sukka der Bibel. Diese erhabenen, majestätischen Palmen, diese lebenswichtige Wasserstelle – viele Eroberer haben versucht, sich dort niederzulassen: Alexander Jannai, Napoleon, die englische Armee usw.

Aber die Herren dieser Landschaft, diese **Beduinen vom Sinai**, scheinen mit ihrer Wüste ein tausendjähriges Zwiegespräch zu halten. Dem Ansturm der Industrie des Tourismus und des Erdöls begegnen sie mit Verachtung. Sie geben sich weiterhin jener heute vergessenen Kunst des Lebens hin: jener Freiheit, in immer fernere Gegenden aufzubrechen...

Beduinen aus dem Sinai

Miniatur vom Bischofssitz mit Darstellung des St. Katharinenklosters

Anfänglich war es nur ein unsicherer Zufluchtsort für Einsiedler und Pilger. **Das St.Katharinenkloster**, am Fuß des Massivs des Berges Sinai geduckt, wurde zu verschiedenen Zeiten von Ordensbrüdern befestigt, die dort einen Wachtturm errichteten. Plünderer zerstörten ihn wieder, aber im Jahr 527 baten die Einsiedler vom Sinai Kaiser Justinian um Schutz, der seinen Architekten Elisa beauftragte, an der Stelle des ehemaligen Turms des Brennenden Busches eine Burg zu bauen. 562 wurde Elisa nach Beendigung der Arbeiten enthauptet: er hatte die Burg am Fuß des Berges errichtet, während Justinian sie auf dem Gipfel hatte haben wollen.

Von der Befestigungsmauer Justinians, nach byzantinischer Tradition aus Granitblöcken erbaut, ist heute nur noch der südliche Teil erhalten geblieben, der Mauer des Berges heißt. Der Rest wurde restauriert und stellenweise auf Befehl Napoleon Bonapartes von General Kléber neu aufgebaut.

Ein unterirdisches, gemauertes Gewölbe, unter dem Vorgelände der Umwallung in die Tiefe gegraben, ermöglicht es den Mönchen, ohne das Kloster zu verlassen, in einen herrlichen Garten zu gelangen. Das große Tor mit Namen Bab el Rais, durch das in früherer Zeit die aus Jerusalem zurückkehrenden Erzbischöfe einzogen, ist seit 1722 zugemauert. Über diesem Tor befindet sich eine griechische Inschrift: »Dies ist das Tor zur Ewigkeit; durch dieses werden die Gerechten eintreten.«

Die Basilika von St.Katharina weist ein Mittelschiff auf, das von zwei Seitenschiffen und zahlreichen Kapellen gesäumt ist. Das Portal zur Vorhalle, mit geschnitzten Türfüllungen geschmückt, besitzt die Schlichtheit der koptischen Kunst.

Das St. Katharinenkloster vom St. Katharinenberg aus gesehen

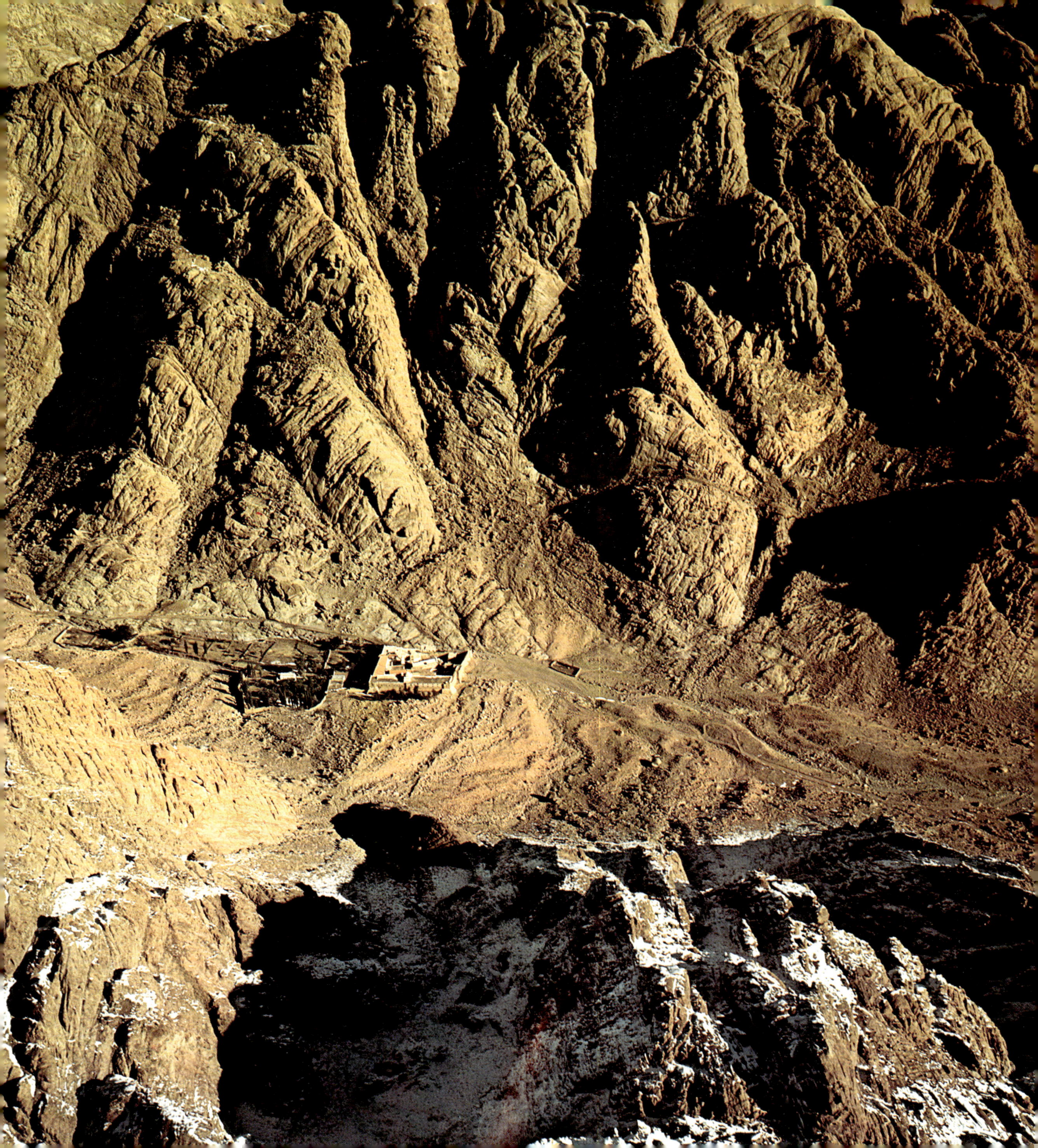

Vor dem Chor befindet sich die Ikonostase der Basilika mit zwei Gemäldereihen. Die Schätze an Ikonen, die das St. Katharinenkloster birgt, sind geradezu erstaunlich. Sie sollen sich auf etwa fünftausend belaufen. Die Beziehungen des Klosters zu zahlreichen Ländern bezeugen, daß manche dieser tragbaren Bilder zwischen den Klöstern ausgetauscht wurden. Bei anderen lassen die Ähnlichkeiten in der Ausführung oder die Darstellung von Mönchen und Bischöfen, die im Kloster tätig waren, die Annahme zu, daß sie an Ort und Stelle angefertigt wurden. Die Skizzen, die in der Kapelle der Theotokos neben der alten Bibliothek hängen, und die enge Verwandtschaft zwischen dem Stil mancher Ikone und dem der **Miniaturen** in den Manuskripten der Bibliothek machen das Vorhandensein von Malerateliers und die Anwesenheit von Kopisten wahrscheinlich, wie es sie in zahlreichen großen Klöstern gab. Die tragbaren Ikonen aus der Zeit vor der Epoche der mazedonischen Kaiser und der Komnenen wurden lange als verloren betrachtet, bis zu dem Tag, an dem man entdeckte, daß die Bilderstürmerei das alte Kloster verschont hatte, das zu der Zeit durch die arabische Eroberung vom byzantinischen Staat abgeschnitten war.

Geburt Christi, nach-byzantinische Ikone

Die altchristlichen Ikonen in Enkaustik stammen aus der Zeit der Klostergründung unter Justinian; sie sind das einzige Zeugnis der Kunst der großen Zentren Syriens und Ägyptens aus dem 6. Jahrhundert. Auf verhältnismäßig schmalen Tafeln gemalt, wurden die Farben, mit Wachs vermischt, ohne vorherige Grundierung unmittelbar auf das Holz aufgetragen; sie haben sich eine erstaunliche Frische und Leuchtkraft bewahrt.

St. Katharinenkloster – Hirtenszene, Miniatur aus dem Evangelienbuch

Die Themen werden dem Evangelium oder der Glaubenslehre entlehnt: die zwölf Feste, die Wunder, das Leben und die Passion Christi, die Heiligen und die Märtyrer. Der Goldschimmer auf den Gewändern und im Hintergrund auf den **Mosaiken** und auf den Ikonen taucht Szenen und Figuren in eine dem irdischen Leben fremde Atmosphäre. Auf den **nach-byzantinischen Ikonen** nähern sich die in einem begrenzten Raum

Maria hodigritria, Mosaik aus dem 11. Jahrhundert

übereinandergesetzten Szenen, mit lebhaften, strahlenden Farben gemalt, der Kunst der Miniaturmaler.

Die Mönche, die diese Ikonen malten, bereiteten sich drei Tage lang durch Fasten und im Gebet darauf vor, ehe sie sich an ihre Arbeit machten, ein Abglanz der Tiefe ihres Innenlebens, ein bescheidener Beitrag, der zum Gebäude der byzantinischen Tradition hinzugefügt wurde.

St. Peter, Enkaustik-Ikone aus dem 6. Jahrhundert

Der Sinai

St. Katharinenkloster
Die Urkunde Mohammeds

St. Katharinenkloster
Charta Bonapartes

So bedeutend diese Ikonen auch sind, die aus der Tiefe der Zeiten stammen, in der Stille der Klöster von künstlerisch geschulten Mönchen geschaffen, erscheinen sie uns dennoch als weniger kostbar als die vergilbten Handschriften, die alten Schriftrollen, Evangelienbücher und Psalter, die in der Bibliothek des Klosters ausgestellt sind. Diese ist die berühmteste und zugleich älteste Klosterbibliothek.

Unter anderen historischen Manuskripten – man hat dreitausenddreihundert von ihnen gezählt – findet man dort den Syrus Sinaiticus, eine siebzehn Jahrhunderte alte Bibelübersetzung, und vor allem Akd Name, **die Urkunde Mohammeds**, und die Sinai-Verordnungen oder **Charta Bonapartes.**

Bei der Urkunde Mohammeds handelt es sich um eine von der Hand Mohammeds unterschriebene Verordnung, dem, wie es heißt, eines Tages die wohlwollende Gastfreundschaft der Mönche von St. Katharina zuteil wurde. In dieser Urkunde wurde den »Gläubigen des Islam geboten, dem Kloster am Sinai zu helfen, seinen Mönchen zu gestatten, Gott anzubeten und ihm ungehindert zu dienen, ihrem Glauben gemäß, und sie von jeder Dienstleistung und jeder Steuer freizuhalten.«

Als sich im Jahr 634 der Kalif Omar auf der Halbinsel Sinai festsetzte, wurde das St. Katharinenkloster offiziell dem Schutz des mohammedanischen Oberhauptes unterstellt. Aber die Araber kümmerten sich nicht sehr um Akd Name und die in ihm enthaltenen Vorschriften. So verübten sie in diesem Kloster häufig Plünderungen und Metzeleien. Erst nach dem Aufenthalt Bonapartes in Palästina wurde den Mönchen von St. Katharina der offizielle Schutz der französischen Armee zugesichert. Die Vorschriften des Akd Name wurden fast in den gleichen Worten in den Sinai-Verordnungen Bonapartes und Klébers wiederholt: »Wo auch immer die Klosterbrüder ihren Wohnort haben, soll es ihnen gestattet sein, ihren Gottesdienst abzuhalten, und die Regierung wird verhindern, daß sie in der Ausübung ihres Gottesdienstes behindert werden.«

In St. Katharina sind die Legenden langlebig. So soll die Heilige Katharina die Tochter eines Königs von Alexandria sein, die gemartert und dann aufgehängt wurde, weil sie sich entschlossen hatte, sich zum Christentum zu bekehren. Ihre Reliquien werden in einem Sarkophag aus weißem Marmor hinter dem Heiligenschrein aufbewahrt. Einer anderen Legende nach soll Moses genau an diesem Ort die Offenbarung eines brennenden Busches zuteil geworden sein. Heute enthält die Apsis der **Kapelle des Brennenden Busches**, die in einem Halbkreis erbaut wurde, eins der kostbarsten Mosaiken des Klosters: die Verklärung Christi.

»Heimstatt der Einsamkeit, überall von der Wüste umgeben.« So hat Pierre Loti dieses St. Katharinenkloster bezeichnet. Es gibt keine Worte, die diesem Ort angemessener wären.

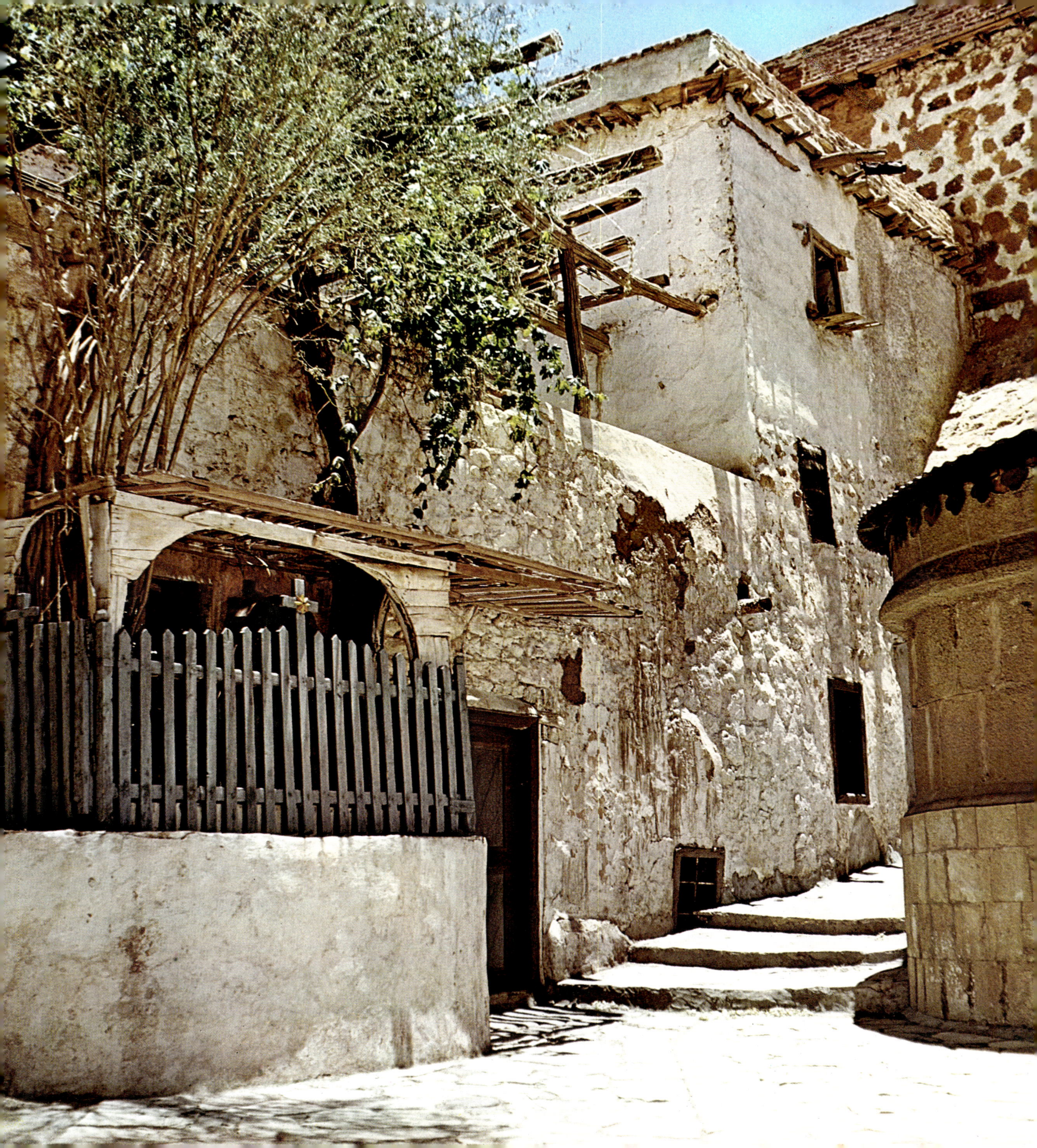

Im Verlaufe der Zeiten wurden in der Umgebung des Klosters zahlreiche Kapellen erbaut. In der **Kapelle des Berges Sinai** zum Beispiel haben Männer in der Regungslosigkeit eines Einsiedlerdaseins verharrt, um sich zu läutern.

Von dieser Regungslosigkeit, die den Menschen außerhalb der Geschichte versetzt, will das Judentum nichts wissen. Dies ist eine der Lehren, die das jüdische Denken aus dieser Wüste gezogen hat, wo es der Allmacht begegnet ist.

»Da erhob sich ein Donnern und Blitzen und eine dicke Wolke auf dem Berge und ein Ton einer sehr starken Posaune.« So beschreibt die Bibel den Augenblick der Offenbarung, die ein ganzes Volk fieberhaft erwartete. Moses kehrte von seiner Begegnung Angesicht zu Angesicht mit Gott zurück. Er brachte dem Volk ein Gesetz, das sein Leben von Grund auf verwandelte und aus ihm ein Volk machte, »wie man es sich unter den Völkern nicht vorstellen kann«, und zugleich den Verlauf der Geschichte änderte.

Diesen Bund, der die Juden zwang, eine priesterliche Gemeinschaft zu sein, nahm das Volk freiwillig auf sich, wie es der einstimmige Aufschrei bekundet: »Wir werden tun, dann werden wir verstehen«, oder war es so, wie es in der rabbinischen Legende heißt: »so widerspenstig, daß Gott den Berg Sinai umwarf wie einen Kessel und erst geruhte, den Deckel abzuheben, als das Volk das Gesetz angenommen hatte«?

Wie es sich auch verhalten haben mag, in dieser Wüste hat der jüdische Mensch, voller Furcht und Zittern, die Erfahrung einer stets gefährdeten Freiheit gemacht. Er ist darauf eingegangen, das Volk zu sein, »das sein Zelt unter den Völkern aufschlägt«. Er hat sich damit abgefunden, in der Welt zu leben und gleichzeitig von der Welt getrennt.

Dieses Nachhallen des Sinai und die Erinnerung an jene Kraft, mit der dort das Volk, Moses, das Gesetz und Gott zusammengeschweißt wurden, sollten späterhin in den Ländern des Exils die unauslöschbare Erinnerung an Israel wachhalten. Eine Erinnerung, in der es keine Waffentaten noch großartige Kunstwerke gibt, sondern nur die Treue dem Wort Gottes gegenüber.

Am Berg Sinai wurde die Berufung dieses Volkes geboren, die »den Menschen zur Seite des Menschen ruft, zur Erbauung Jerusalems und damit auch der Welt« (A. Neher). Israel! Ein Name in Gestalt eines Schicksals. Dieser Name bezeichnet sowohl »den, der mit Gott kämpft« wie »den, der unmittelbar auf Gott zugeht«. Und gerade darin liegt die entscheidende Vieldeutigkeit des Schicksals eines Volkes, das gegen Gott gekämpft hat, dann mit Gott und schließlich für Gott, aber niemals ohne ihn.

Im Talmud heißt es, daß man Israel ebenso mit dem Staub wie mit den Sternen verglichen hat: »Wenn sie sich erniedrigen, tun sie es bis in den Staub der Erde; wenn sie sich erheben, steigen sie bis zu den Sternen empor.«

Und Yehuda Halevy, der größte unter den hebräischen Dichtern und Philosophen des Mittelalters erklärt: »Israel ist unter den Völkern wie das Herz inmitten der Organe des Körpers; es ist das kränkste und zugleich gesündeste von allen.«

Die Kapelle auf dem Berg Sinai

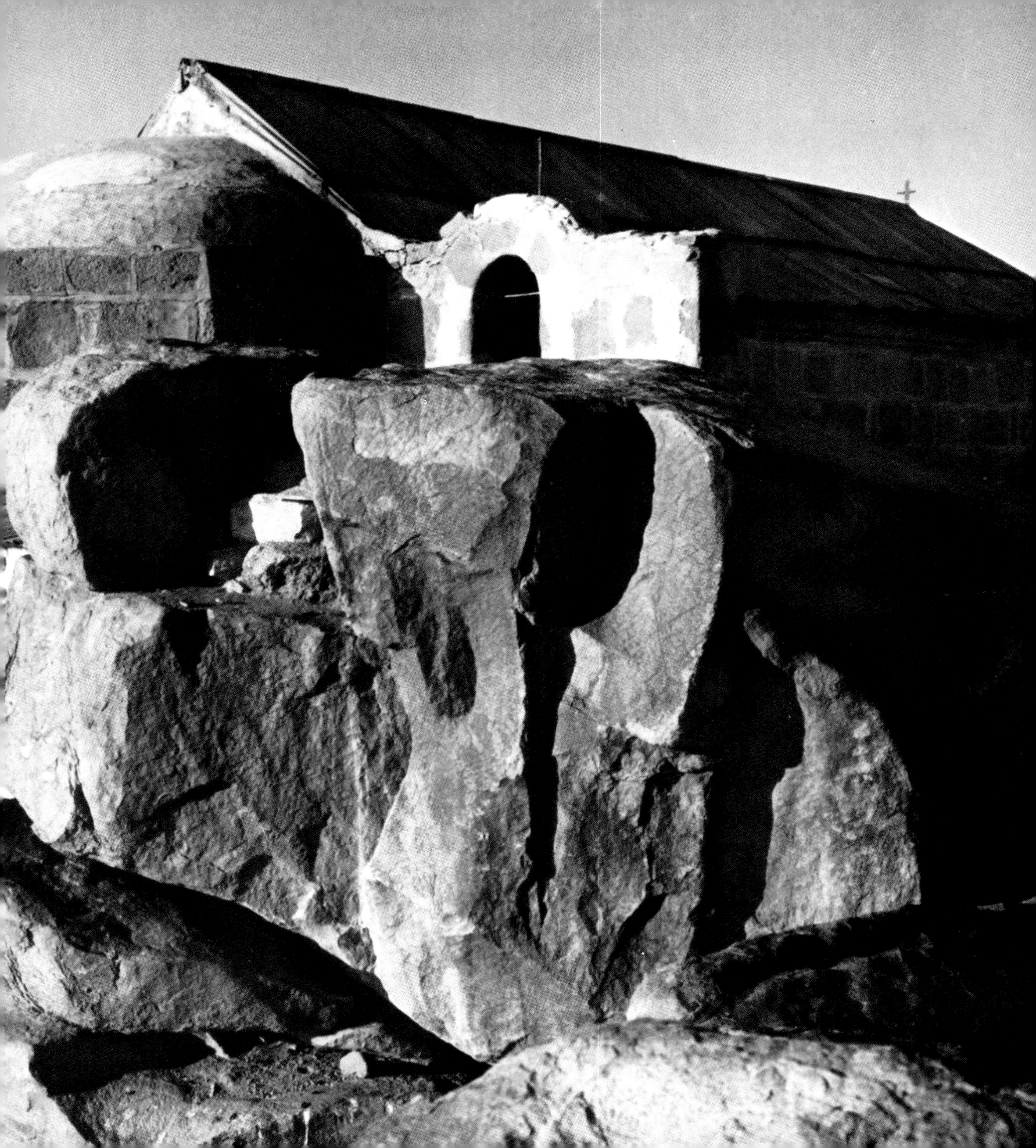

Anhang

1. Israel und seine Geschichte
2. Touristische Ratschläge
3. Wissen sie, daß...
4. Ratschläge von Israelis
5. Bibliographie

Moses erhält die Gesetzestafeln, Ikone von Damaskinos

1 Israel und seine Geschichte

Das Volk in Palästina

Abraham und die Patriarchen

Die Geschichte des jüdischen Volkes beginnt mit dem Patriarchen Abraham, der der göttlichen Stimme gehorcht, die ihn auffordert, seinen heimatlichen Boden zu verlassen und die Erde Kanaans aufzusuchen. »Gehe aus deinem Vaterlande«, heißt es in der Bibel, »in ein Land, das ich dir zeigen will. Und ich will dich zum großen Volk machen und will dich segnen und in dir sollen gesegnet werden alle Geschlechter auf Erden.«

Abraham, der zu Recht als Gründer und Vater des jüdischen Volkes angesehen wird, zeugte Isaak, der an seinem Lebensabend den Bruch zwischen seinen beiden Söhnen, Jakob und Esau, nicht verhindern konnte.

Jakob sollte der Mann des Bundes mit Gott werden, im Kampf mit dem Engel besiegelt. Durch seinen Sieg über den Abgesandten Gottes zu Israel geworden, sollte er sich mit seiner Nachkommenschaft in Ägypten niederlassen, da das Land Kanaan von Hungersnot heimgesucht wurde.

Moses und die Richter

In Ägypten lebten die Kinder und Enkel Jakobs viele Jahre. Unterdrückt, dann zu Sklaven herabgewürdigt waren die Söhne Israels von da an einig in ihrem Haß auf das Land der Pharaonen und in ihrer Treue gegenüber dem geistigen Ideal ihrer Vorfahren, das sie nicht vergessen hatten. Als ein Israelit mit Namen Moses, dank gewisser Umstände am königlichen Hof erzogen, zum Aufstand unter dem göttlichen Banner aufrief, folgte ihm das jüdische Volk wie ein Mann. Etwa 1445 v.Chr. führte er die Seinen aus Ägypten zu den Ufern des gelobten Landes, das er selber niemals kennenlernen sollte. Aber während der vierzig Jahre des Exodus durch die Wüste hatte er seinem Volk eine strenge moralische Gesinnung eingebrannt und ihm die unschätzbaren Gesetzestafeln übergeben.

Unter der Führung Josuas, des Nachfolgers Moses', vollzog sich die lange, mühselige Eroberung Kanaans. Nach der Belagerung Jerichos und einem endlosen Krieg wurde das Land zwischen den zwölf Stämmen des jüdischen Volkes aufgeteilt. Jeder von ihnen bekam beim Tod Josuas sein eigenes Oberhaupt mit der Bezeichnung »Richter«. Aber die Hebräer gelangten sehr bald zu der Überzeugung, daß nur ein König, der die Stämme einte, das Land, das unaufhörlich von den Nachbarvölkern angegriffen wurde, schützen konnte.

Die Könige

Der Prophet Samuel salbte Saul, einen jungen Bauern aus dem Stamm Benjamins, zum König von Israel. Von da ab wurzelte das Königtum in der Erde Kanaans. David folgte Saul, er war der Sieger über den Riesen Goliath. Dann kam sein

Erste Darstellung des Wortes »Schalom« (Friede)

Sohn Salomo, der weiseste unter den Herrschern und Verfasser des Hohenliedes, dem das Verdienst zukommt, in der Stadt Jerusalem den Tempel Gottes zu errichten.

Dem Tod Salomons im Jahr 930 v.Chr. folgt die Aufspaltung in die Königreiche Juda und Israel. Jeremias prophezeite angesichts der Entartung der Königsmacht, des Niedergangs des Priestertums, des Götzendienstes und der Sünde, die diese Erde heimzusuchen begann, daß sie eines Tages »ihre Bewohner ausspeien wird«.

Das Exil, die Restauration und die Fremdherrschaften

Die entsetzliche Prophezeiung des Jeremias verwirklichte sich. Zuerst wurde das Königreich Israel von den Assyrern annektiert (722 v.Chr.). Dann fand nach der Belagerung Jerusalems und der Zerstörung des Tempels durch Nebukadnezar (587 v.Chr.) mit der Deportation von Tausenden von Juden nach Babylon das Königreich Juda sein Ende.

Nach fünfzig Jahren des Exils wurde durch einen Gnadenakt des Persers Kyros den Juden endlich gestattet, in ihr Land zurückzukehren und ihren Tempel von neuem zu errichten.

Während sich der Wiederaufbau vollzog, entgingen die im Persischen Reich verstreuten Juden dank der Vermittlung der Königin Esther bei Artaxerxes dem vom Minister Aman beabsichtigten Gemetzel.

Die persische Herrschaft fand ihr Ende, und das Land wurde von Alexander von Mazedonien erobert. Bei Teilung des Reiches fiel Palästina an die Seleukiden. Unter der Herrschaft des Antiochos Epiphanes wurden die Juden verfolgt, und es kommt zu dem heldenhaften Aufstand der Makkabäer, einer Familie von Hohenpriestern, die sich an die Spitze des Aufstandes stellte und das Land befreite. Von da an unabhängig wird es vom »Nassi« und »Sanhedrin« regiert.

Der freie Staat der Makkabäer sollte nur achzig Jahre währen. Im Jahr 63 v. Chr. bemächtigt sich Pompejus Jerusalems. Wieder sind die

Der Davidstern

Die Menora

Juden den Launen einer fremden Macht ausgeliefert: diesmal sind es die Römer. Und wieder versuchten sie, das Joch abzuwerfen. Der Aufstand der Zeloten unter Führung von Johannes von Galiläa und Simon Bar-Ghiora hatte als einziges Ergebnis die Belagerung Jerusalems und die Zerstörung des zweiten Tempels. Der Name des Titus, des römischen Kaisers, der sich im Jahre 70 n. Chr. der Heiligen Stadt bemächtigte und den Tempel plünderte, sollte zusammen mit dem Nebukadnezars in der Erinnerung der vertriebenen Juden eine traurige Berühmtheit bewahren.

Die letzten Zuckungen des jüdischen Nationalismus – der Aufstand Bar Kochbas – wurden im Keim erstickt.

Von da an wurde das Land einer erbarmungslosen römischen Herrschaft unterworfen, die für die Hebräer noch härter wurde, nachdem das Christentum, nach der Bekehrung Konstantins, Staatsreligion geworden war. 395 wurde das Reich geteilt und Palästina sah sich Ostrom angeschlossen. Länger als zwei Jahrhunderte erduldete es die schwere, bedrückende byzantinische Vormundschaft. So wurden die arabischen Eindringlinge mit Erleichterung empfangen. Im Jahr 639 bemächtigte sich der Kalif Omar Jerusalems. Aber das christliche Europa wollte die Grabstätte Christi nicht den Händen der Ungläubigen überlassen. 1099 eroberten die Kreuzritter unter der Führung von Godefroy de Bouillon Jerusalem und gründeten das Königreich Jerusalem, das jedoch nur von vorübergehender Dauer war, da es 1187 vom ägyptischen Sultan Saladin zerstört wurde. Jedoch blieben einige fränkische Lehnsherrschaften ebenso wie eine gewisse Zahl von Burgen bestehen, die von den Tempelrittern und den Hospitalitern gehalten wurden. Die Eroberung von Saint-Jean-d'Acre im Jahr 1291 führte den Sturz der letzten Stützpunkte herbei, die sich noch in den Händen der Kreuzritter befanden. Der ägyptischen Dynastie der Mamelucken unterstellt, wurde Palästina 1517 von den Türken erobert, die es bis 1918 besetzt hielten. Dann folgten die Briten den Ottomanen.

Die Diaspora

Die Diaspora (Zerstreuung) datiert bereits aus der Zeit vor dem Ende des biblischen Zeitalters. In der Epoche des Niedergangs des Römischen Reiches sahen sich die Juden schon in alle Winkel Europas und Nordafrikas zerstreut.

Das Christentum setzte sich im Weströmischen Reich fest, und von da an sollten die Juden die Schrecken der erzwungenen Bekehrungen, des Hasses und der Verfolgung kennenlernen. 589 verbot Spanien das Praktizieren des jüdischen Glaubens und zwang die Juden, die christliche Religion anzunehmen. Man mußte auf die arabische Eroberung Spaniens warten (711 bis 714), um das anbrechen zu sehen, was man als das »Goldene Zeitalter« des Exils bezeichnen sollte.

Der Geist der Toleranz, den der Islam den Juden gegenüber bewies, sollte in den Annalen der Geschichte des hebräischen Volkes einmalig bleiben.

Im 13. Jahrhundert fand der lange Kampf zwischen Christen und Mohammedanern um die Eroberung Spaniens durch den Sieg der ersteren ein Ende. Wenn auch der erhebliche jüdische Beitrag zur Entwicklung des Landes die neuen Herrscher in Spanien zum Nachdenken veranlaßte, setzte sich doch schließlich der religiöse Fanatismus durch. Dennoch entwickelte sich die jüdische Gemeinschaft weiter. Aber nach und nach errang der latente Haß der Kirche die Oberhand. Gegen Ende des 14. Jahrhunderts bricht die Blütezeit der Inquisitionsgerichte Torquemadas an, der Zunahme der angeblich Bekehrten, der Verhaftungen, Foltern und Todesurteile für Juden, die sich dem christlichen Gott gegenüber schuldig gemacht hatten. 1492, zwei Jahrhunderte nach der Vertreibung der Juden aus England, unterzeichneten Ferdinand von Aragon und Isabella von Kastilien ein Edikt, das den Juden befahl, Spanien innerhalb von drei Monaten zu verlassen. Das blühende Idyll des spanischen Judentums fand ein trauriges Ende.

Das größte jüdische Zentrum des Mittelalters befand sich, außer in Spanien, in Deutschland.

Diese Bi-Polarität der beiden Zentren führte zur Unterscheidung zwischen Sephardim und Aschkenasim. Die Unterdrückung der Aschkenasim begann sehr viel früher als die ihrer Glaubensbrüder in Spanien – schon seit dem 12. Jahrhundert. Östlich des Rheins wurden die Juden auf bestimmte Gewerbe beschränkt und in ihnen vorbehaltenen Stadtvierteln, sozusagen hinter Stacheldraht, untergebracht: in den Gettos. Das Jiddische, ein jüdisch-deutscher Dialekt, setzte sich in allen Gemeinden durch und wurde zur Sprache unter den Aschkenasim.

Dann lief Polen im 16. Jahrhundert Deutschland den Rang ab und wurde zum Sammelplatz der europäischen Juden. Die jüdische Gemeinschaft in Polen und Litauen, reich und wohlhabend, entwickelte sich ungehindert und brachte jenes großartige Abenteuer des Geistes hervor, den Chassidismus, eine Bewegung auf der Mitte zwischen Mystik und Epikureertum.

In Frankreich verabschiedete die Gesetzgebende Versammlung im September 1791 ein Gesetz, durch das den Juden die gleichen Bürgerrechte zuerkannt wurden wie den Christen. Bevor dies auch in Holland, Italien und woanders der Fall war, sollte die französische Revolution als erste die Juden aus einer jahrhundertealten Knechtschaft befreien.

Gegen Ende des 18. Jahrhunderts annektierte Rußland die polnischen Gebiete mit mehr als einer Million Juden. Um ein schwankendes Regime zu festigen, brauchten die Zaren eine regelmäßige Ernte an Pogromen. Inzwischen hatte in den Jahren 1881 und 1882 die große Auswanderung der Juden aus Rußland nach Amerika oder Palästina begonnen. Im westlichen Europa zeichnete sich die Emanzipation der Juden ab.

Theodor Herzl

lienblum, Pinsker und Ahad Haam, die sich von einer problematischen jüdischen Emanzipation in der Diaspora abgewandt hatten, von einer »Selbst-Emanzipation«, von einer nationalen Erneuerung und einer Wiederentdeckung der jüdischen Wurzeln geträumt.

Der politische Zionismus unternahm unter dem Hirtenstab Theodor Herzls von 1897 an seine ersten Schritte. In Basel vereinte der erste zionistische Kongreß alle Anhänger Zions und beschloß, überall jüdische Organisationen zu gründen, um das Bewußtsein des Volkes zu stärken und die Zustimmung der Regierungen für die Ziele des Zionismus zu erlangen.

Die ersten russischen Siedler begannen sich in Palästina niederzulassen, von verschiedenen Organisationen und vor allem vom Baron Edmond de Rothschild in Paris unterstützt.

Parallel zur zionistischen Agitation, die in Rußland die jüdischen Massen ergriff und zum Entstehen von »Poale Zion« und zur Bewegung der sozialistischen Zionisten führte, kam es zu einer starken jüdischen Beteiligung an den revolutionären Strömungen. »Der Bund« (Zusammenschluß der jüdischen Arbeiter in Rußland und Polen), 1897 gegründet, kämpfte für die nationalen Rechte in der künftigen sozialistischen Republik.

Im Verlauf des Ersten Weltkriegs gelang es Dr. Chaim Weizmann von Großbritannien eine Erklärung zu erhalten, in der es sich verpflichtete, den Juden in Palästina zu einer »nationalen Heimstätte« zu verhelfen. Das ist die berühmte Balfour-Erklärung (2. November 1917), der erste große Sieg des Zionismus.

Die Alijot (Einwanderungswellen) der Pioniere rollen an. Siedlungen, Dörfer, Kibbuzim und Städte entstehen oder werden wiedergeboren. Aber schon kommt es zu den ersten Auseinandersetzungen mit den arabischen Einwohnern, die sich zuweilen zu blutigen Kämpfen entwickeln.

Großbritannien, dem der Völkerbund 1922 nach Abschluß der Pariser Vorortverträge das Mandat über Palästina überträgt, beschließt, die jüdische Einwanderung abzubremsen, um es mit niemandem zu verderben.

Die Rückkehr

Der Zionismus und die Anfänge der Einwanderung

Der Antisemitismus, der gegen Ende des 19. Jahrhunderts im westlichen Europa aufflammt, die blutigen Pogrome in Rußland und das Erwachen des Nationalismus überall in der Welt – dies alles begünstigt das Aufblühen einer Bewegung, die sich sehr schnell aus einem latenten, sehnsüchtigen Trachten zu einer politischen und sozialen Strömung entwickelt: zum Zionismus.

1895 veröffentlichte Theodor Herzl seine Schrift *Der Judenstaat*. Dieser junge jüdische Journalist, der nach Paris gekommen war, um von dort über die Affäre Dreyfus zu berichten, stellte den Antisemitismus bloß und beschloß, sein Leben der Wiedergeburt seines Volkes zu weihen. Vor ihm hatten schon Denker wie Li-

1909: Hier sollte Tel Aviv entstehen

Der Zweite Weltkrieg

Zu der Stunde, in der die Juden Europas im Begriff standen, den ungeheuerlichsten Vorgang in ihrer Geschichte kennenzulernen, zu der Stunde, in der Hitler bereits seine Krallen gezeigt hatte, beschloß die britische Regierung im Mai 1939, die Tore Palästinas so gut wie ganz zu schließen. Im Weißbuch wurde nur noch 75 000 Juden gestattet, sich auf dem Boden Israels niederzulassen. Diese Maßnahme sollte zu einem allgemeinen Protest in der »Jüdischen Agentur« führen. Empört erklärte David Ben Gurion: »Wir werden gegen Hitler kämpfen, als gäbe es kein Weißbuch, und wir werden gegen das Weißbuch kämpfen, als gäbe es keinen Hitler.« Von da an befand sich der Jude im offenen Kampf gegen die Mandatsmacht. Der Widerstand organisierte sich um die Haganah auf der einen und den Irgun auf der anderen Seite.

Geburt eines Staates

Im Jahr 1947 brachte Großbritannien die Palästinafrage vor die Vereinten Nationen, und am 2. November des gleichen Jahres entschied sich die Vollversammlung für die Teilung Palästinas in zwei unabhängige Staaten, der eine arabisch, der andere jüdisch. Von da an hatten die Juden ein Vaterland.

Kaum war der Staat Israel geboren, als er sich auch schon mit der arabischen »Ablehnung« befassen mußte. Eine Ablehnung, die zu vier Kriegen führen und aus diesem Land, dessen Berufung der Friede war, eine Erde von »Feuer und Blut« machen sollte.

David Ben Gurion verkündet die Schaffung des Staates Israel am 14. Mai 1948

2 Touristische Ratschläge

Wenn Israel auch noch nicht ganz dieses »jüdische Hotel« ist, wie Ben Gurion es spöttisch nennt, so ist es doch vor allem ein an sozialen Experimenten, menschlichen Begegnungen und Dialogen in allen Sprachen und Dialekten der Erde fruchtbares Feld. Über den Besuch der heiligen oder historischen Stätten hinaus sollte man eifrig die Orte der Verständigung besuchen, die Cafés, Busse – stets ereignet sich etwas in einem Bus in Israel –, die Synagogen und die Märkte. Die Mannigfaltigkeit der Schicksale und Gesichter in Israel ist eine größere Bereicherung als die durch die von der Geschichte gesättigten Steine.

Beförderungsmittel: Das Reisen in einem so eng begrenzten Land wie Israel ist eine einfache Angelegenheit. Das Interessanteste ist das »Trampen« (per Anhalter). Wenn man auf den ersten Blick hin nicht als Tourist gelten möchte, muß man es nicht mit erhobenem Daumen, sondern mit dem Zeigefinger auf den Boden deutend machen.

Der Zug – es gibt nur eine einzige Verbindung zwischen Jerusalem, Tel Aviv und Haifa – ist kurzatmig, aber wenn man Zeit hat, ermöglicht er einen gründlichen Überblick über das Land in Zeitlupe. Man sollte sich nicht wundern, wenn man am Abend Männer sieht, die im Sitzen vor sich hinmurmelnd hin und her schwanken: sie beten!

Das Autobusnetz der staatlichen Gesellschaft Egged ist sehr dicht und berührt mit regelmäßigen Linien alle interessanten Punkte Israels. Die Touristen erhalten eine Rundreisekarte zum Vorzugspreis, die es ihnen gestattet, vierzehn Tage lang, wohin sie wollen, zu fahren. Im übrigen organisiert das Unternehmen Rundreisen, die von Führern begleitet werden, häufig sehr sachkundig, immer aber von gutem Willen beseelt.

Was das Reisen in Israel betrifft, so ist die Beförderung mit Sheruth-Taxis (Gemeinschaftstaxis mit sieben Plätzen), die zu ziemlich mäßigen Preisen von Stadt zu Stadt fahren, eine für das Land typische Einrichtung.

Arkia unterhält im Inland den Flugverkehr auf den Strecken nach Elath, Sinai und Scharm el Scheik, die man den ermüdenden, aber nichtsdestoweniger interessanteren Fahrten im Bus vorziehen mag.

1. Tel Aviv und die Nordküste

Tel Aviv: Der erste Eindruck von Tel Aviv ist häufig die Fremdartigkeit des Zentralbahnhofs für Busse und Taxis (Tahana Hamerkazit). Man muß sich ihn noch schnell ansehen, bevor er durch einen ultramodernen Busbahnhof verdrängt wird. Die Hygiene wird gewinnen, was ein malerisches, aber elendes Gebilde dabei verliert.

Selten wurde eine Stadt so sehr für Umherschlendern und Spaziergänge ganz nach Lust und Laune geschaffen. Eine angenehme Ungebundenheit verwandelt sogar die Einwohner in ihren eigenen Straßen in Touristen. »In Tel Aviv amüsiert man sich; in Haifa arbeitet man und in Jerusalem betet man…«

Die Straßen Ben Yehuda, Hayarkon und vor allem Dizengoff sind das auch in später Nacht noch belebte Zentrum; dort findet man viele Restaurants, Cafés, Kunstgalerien, Läden, Diskotheken und Kinos. Für die Anhänger des Pop empfiehlt sich ein Besuch bei Tiffany (Hotel Dan).

Jaffa: Man sollte es vor allem bei Nacht besuchen. Nicht zu empfehlen ist es, sich längere Zeit in den Kunstgalerien und Kunstgewerbeläden aufzuhalten: dort sind die Preise »mörderisch«. Besser ist es, sich in einer der Tavernen niederzulassen, um dort Grillgerichte mit *Araq* oder Obstsaft übergossen zu genießen.

Von Tel Aviv aus kann man der Küste nach Süden folgen und in Aschdod Station machen, eine neue Stadt mit Einwanderern aus Nordafrika und der künftige Haupthafen Israels.

Wendet man sich nach Norden, kann man an den Stränden der außerhalb gelegenen Wohnviertel von Tel Aviv oder in Herzlija (Schwimmbad des Hotels Akadia) baden. In Natanja gibt es kleine Terrassencafés, wo man Schaschlik und »Merguez« bekommt.

Caesarea: Besuch des Amphitheaters. Im August gibt es dort kulturelle Veranstaltungen (Theater, Konzerte unter freiem Himmel …). Am Strand wären Marmorsäulen bestimmt einen Abtransport wert.

Akko: Besuch der Moschee von Jezzar Pascha, des Städtischen Museums im ehemaligen Bad des Sultans, der Festungsanlagen, der Johanniterkirche und ihrer Krypta. Den Nachmittag sollte man sich zu einem Bummel durch den Basar vorbehalten und dabei auch wissen, daß man beim ausgeklügelten Spiel des Feilschens stets der Verlierer ist!

Dann wird man bis nach Rosch Hanikra vorstoßen – landschaftlich schön gelegene Seilbahn –, letzter Ort und Grenzstation zum Libanon, bevor man nach Haifa zurückkehrt.

Haifa: Dort besucht man den Hadar Hacarmel, das Geschäftszentrum, das Gelände des Technion und das Städtische Museum. Der Behai-Tempel bietet Gelegenheit zu einem wunderbaren Spaziergang in seinem Persischen Garten. Bevor man durch das alte Haifa in der Umgebung des Hafens schlendert, sollte man vom Karmel aus einen Blick auf die in der Nacht beleuchtete Bucht werfen.

Es ist empfehlenswert, Haifa gegen Ende der Woche zu besuchen, denn die religiösen Vorschriften für die Sabbatruhe werden dort weniger streng genommen als woanders. Vergessen wir es nicht, Haifa ist die »rote«, die sozialistische Stadt.

Von der Stadt aus unternimmt man Ausflüge zum Künstlerdorf Ein Hod und nach Bet Schearim, Nekropole der Weisen des Talmud. Alle Fahrten in das obere und untere Galiläa können von Haifa aus unternommen werden.

2. Galiläa und der Norden des Landes

Nazareth: Ersehntes Ziel christlicher Pilgerfahrten. Besuch der Kirche und der Grotte der Verkündigung, des Hauses des Heiligen Joseph und des Marienbrunnens. Hat man genügend Zeit, kann man im Bus zum neuen jüdischen Viertel hinauffahren, Nazareth Illit, wo man eine Synagoge mit sehr kühner Architektur findet. Ein Gang durch den arabischen Souk ist (fast) obligatorisch.

Besuch von Kana (8 km von Nazareth) und der Kirchen der Orthodoxen und der Franziskaner.

Tiberias: Einige Synagogen und Grabstätten von Rabbinern. Wasserski, Segeln und Schwimmen. Zahlreiche kleine Restaurants.

Ausflüge nach Kapernaum; zu den heißen Quellen und zur Grabstätte des Rabbiners Meir Baal Haness; zum Kibbuz Ein Gev und zu den Quellen von El Hamma.

Von Tiberias nach Safed kann man einen Umweg über den Berg der Seligpreisung machen.

Safed: Urlaubsort mit zahlreichen behaglichen Hotels. Besuch der Ari-Synagoge. Stadtviertel der Künstler (ehemaliges arabisches Viertel). Von Safed aus kann man nach Meron fahren (4 km), um sich dort am Grabmal des Rabbi Simon Bar Jochai, des Verfassers des Buches Sohar, in Andacht zu sammeln.

In Galiläa sollte man sich auch nach Dan begeben, zu den Quellen des Jordan und einen der zahllosen Kibbuzim besuchen (Deganja, der Urahn!).

Von Galiläa aus kann man »gen Jerusalem hinaufsteigen«, entweder durch die neuen Gebiete oder über Tel Aviv und das Scharon-Tal.

3.–4. Jerusalem

Am Ortsausgang von Tel Aviv die hundertjährige Landwirtschaftsschule von Mikwe-Israel. In Ramle, auf halbem Weg nach Jerusalem, ein Blick auf den Turm der Ottomanen. Empfohlene Abstecher über die Abtei von Latrun, Abu-Gosch, reizendes arabisches Dorf, Kyriat Anavim und zum Park von Aqua Bella (Campingplatz).

Die Entdeckung Jerusalems sollte man in zwei Abschnitten vornehmen. Die Priorität gehört dabei der Altstadt, die man Stadtviertel um Stadtviertel – jüdisch, christlich und mohammedanisch – besuchen sollte, indem man den Wallfahrtsstätten und den Monumenten folgt. Jede auf diese Weise vorbereitete Etappe nimmt mindestens einen halben Tag in Anspruch. Den Nachmittag sollte man den Souks widmen; den Abend der Aufführung von Klang und Licht am Davidsturm. Zu allen Stunden der Nacht und des Tages wird man Menschen antreffen, die an der Klagemauer beten. Zahlreiche Restaurants in der Araberstadt mit mäßigen Preisen (Golden Chicken, Massouada, Caves du Roy). Außerhalb der Befestigungsanlagen ein Eis à la Metzuda (die Zitadelle) in der Nähe des Jaffa-Tors.

In der neuen Stadt kann man am gleichen Tag die Kyria, die Knesset, das Israel-Museum und die Universität besuchen. Ein leichtes Essen in einer Cafeteria der Universität und Siesta (warum nicht?) auf den Rasenflächen des Campus.

Man sollte nicht versäumen, *Felaffel, Shwarma* oder *Chiche Kabab* an einem der Stände unter freiem Himmel zu essen. Künstlercafé: das Taamon; bürgerlich: Alno und Atara.

Zwei große Restaurants: Fink's und Chez Simon (gute französische Küche, aber sehr teuer). Bei Taami (ausgezeichnete einheimische Gerichte) sollte man unbedingt *Humus* essen.

Am Vorabend des Sabbat schlendert man, möglichst in unauffälliger Kleidung, durch das orthodoxe Viertel von Mea Schearim und betritt eine der Synagogen.

Aber Jerusalem, das bedeutet: Umherwandern, wie der Augenblick es einem eingibt: ohne Ziel, dem leichten Wind lauschend, auf der Suche nach Farben und Menschen.

5. Judäa und Samaria

Bethlehem: Besuch der Geburtskirche und -grotte, der Kirche der Heiligen Katharina und des Feldes der Hirten, sowie der Grabstätte Rachels.

Empfohlener Spaziergang durch den reichen Vorort Bet Jala.

Hebron: Besuch der Grabstätte von Makhpela.

Nablus (das alte Sichem): Der Berg Garizim ist Ziel für einen Aufstieg, wo man auch einigen Samaritanern begegnen kann.

Massada: Der Felsen von Massada ist durch eine kürzlich erbaute Seilbahn zugänglich. Jedoch wird die Besteigung zu Fuß früh am Morgen empfohlen (4 oder 5 Stunden). Obwohl sehr mühsam, ist dies alle Anstrengungen wert.

Um sich zu erholen, sollte man es vermeiden, sich allzu lange an den wenig einladenden Ufern des Toten Meeres aufzuhalten, und stattdessen die kleine Oase Ein Gedi aufsuchen.

Jericho: Kühle Oase in der Wüste von Judäa; es tut gut, dort einen Tag zu verbringen. Besuch des Jericho des Herodes. Ausflüge zum Kloster Johannes des Täufers, dann zum Jordan, zum Ort der Taufe Jesu. Besuch der Ausgrabungsstätte von Khirbet Mefjer.

6. Der Negev und das Rote Meer

Beer-Scheba: Eine Stadt neuen Datums, wenn auch mit einer tausendjährigen Geschichte; sie ist nur insofern interessant, als man dort Zeuge werden kann, wie die Menschen die Wüste zurückdrängen. Sehr malerischer Markt der Beduinen.

Sodom: Ungefähr 400 m unter dem Meeresspiegel gelegen, dort ist die Aufnahme des Eintauchens ins Salzwasser des Toten Meeres und von der Salzstatue von Loths Frau unabdinglich.

Neue Einwandererstädte, die man besuchen sollte: Dimona und Arad.

Elath: Nur selten kann man mehr als einen Tag »überleben« – es sei denn, man besäße die Philosophie der Resignation der Hippies, von denen es da wimmelt – so erstickend ist die Luft. Je nach Alter der eigenen Arterien kann man am Strand schlafen, in der Jugendherberge, in den klimatisierten Hotels oder bei einem der Einheimischen, die den Touristen umlagern. Unterwassertauchen und Fahrt in einem Boot mit durchsichtigem Boden zur Koralleninsel. Besuch des »Fjords«. Schwimmen in einem das ganze Jahr hindurch warmen Wasser.

In Neot Hakikar unternimmt eine Gruppe von Träumern und weltlichen Propheten Führungen durch die Canyons und auf den geheimnisvollen Pisten des Negev, wo sie die Herren sind.

7. Der Sinai

Die Fahrten in den Sinai sind schwierig, und es empfiehlt sich, an einer organisierten Fahrt nach El Arisch, dann zum St. Katharinenkloster und zum Berg Sinai teilzunehmen.

Im Flugzeug oder Bus Fahrt zum neuen Urlaubsort Scharm el Scheik.

3 Wissen sie, daß…

Wenn Sie in Israel reisen, müssen Sie wissen, daß die Israelis, temperamentvoll und gastfreundlich, gern lange Gespräche mit Ihnen in allen Sprachen der Welt führen und Ihnen Besuche und Begegnungen erleichtern wollen.

Ob Sie ein öffentliches Gebäude, ein Geschäft oder ein Privathaus betreten oder Freunden auf der Straße begegnen, so ist es üblich mit dem Wort »Schalom« (Friede) und am Samstag mit »Sabbat Schalom« (Friedlicher Sabbat) zu grüßen.

Von der Ankunft an muß man sich an die Ruhe des Sabbat gewöhnen; am Freitagabend, beim Aufgehen der ersten Sterns, werden alle Tätigkeiten eingestellt, und es beginnen die Schwierigkeiten für den Touristen, der, ohne sich dessen bewußt zu werden, seinem Programm folgen möchte. Erst am Sonntagmorgen setzt das geschäftige Treiben wieder ein. Um ein »frommes« Hotel am Samstag zu verlassen, muß man zur Vermeidung von Schwierigkeiten seine Rechnung am Freitag noch vor 16 Uhr bezahlt haben. In Mea Schearim, dem Stadtteil der Chassidim in Jerusalem, werden die Gebote so streng eingehalten, daß nicht einmal ein Wagen dort fahren darf. Den Sabbat kann man dem Besuch der heiligen Stätten widmen, bei denen die Sonntagsruhe eingehalten wird.

Die archäologischen Fundstätten kann man bis Sonnenuntergang besuchen; möchte man die eigentlichen Ausgrabungsfelder aufsuchen, muß man sich an das Ministerium für Tourismus, 24, Rehov Hamelekh George, Jerusalem, wenden.

Über die Öffnungszeiten der Museen sollte man sich genau informieren, da sie sehr unterschiedlich sind. Im allgemeinen sind die Räume für das Publikum von 10 bis 13 und von 16 bis 19 Uhr geöffnet; aber manche Säle sind auch an einigen Abenden offen. Am Freitag und Samstag schließen die Museen um 13 Uhr.

Man sollte sich nicht davor scheuen, sich der Sheruths (Gemeinschaftstaxis) zu bedienen, die das Reisen erleichtern. Unter diesen Umständen können Sie auch Ihre Kenntnisse des Hebräischen anwenden.

Im Winter kann man aus der Kaltluft der Hügel Galiläas in das subtropische Klima an den Ufern des Toten und des Roten Meeres überwechseln, wo man das ganze Jahr hindurch baden kann. Dort gibt es weder Herbst noch Frühling; in der sommerlichen Hitze erscheint einem nichts angenehmer als die frische Kühle von Safed.

4 Ratschläge von Israelis

Véronique ben Yaacov. Nach Studien in Paris und in Cambridge hat sie sich in Israel niedergelassen, wo sie beim Staatlichen Rundfunk gearbeitet hat. Für den ersten israelischen Touristenführer – Bazak – wurde ihre Mitarbeit in Anspruch genommen, um die Restaurants des Landes auszuwählen und einzustufen.

Die Restaurants

Jeder der zahlreichen in Israel ansässigen Nationalitäten entspricht eine typische Küche, die zum Reichtum der Tafelfreuden des Landes beiträgt.

In erster Linie die orientalische Küche, die einen guten Durchschnitt dessen darstellt, was man in jedem beliebigen einheimischen Lokal finden kann. Diese Küche kann jemenitisch, arabisch, tunesisch, marokkanisch, griechisch oder vom Balkan sein. Dann die europäische Küche (polnisch, ungarisch, rumänisch, italienisch und französisch).

Wundern Sie sich jedoch nicht darüber, wenn Sie bei Ihren Wanderungen durch das Land feststellen, daß der Israeli häufig auf der Straße ißt. Tatsächlich gibt es an jeder Straßenecke Stände, wo man *Felaffel* (kleine gebratene Klößchen und Erbschen, mit denen man den *Pittah*, den arabischen runden Brotfladen, füllt) und im Sommer den in seinem Blatt eingewickelten Mais.

Für den jüdischen Touristen, der der Tradition treu bleiben möchte, ist der Buchstabe »K« wichtig, der in den Reiseführern vor dem Namen eines kosheren Restaurants steht, das heißt, wo nach den rituellen Vorschriften gekocht wird: kosheres Fleisch (ausgeblutet), das niemals zu Gerichten gegeben werden darf, die auf der Grundlage von Milch zubereitet werden. In den Hotels ist die Küche fast immer kosher.

Wenden wir uns nun dem Kapitel der Restaurants mehr im einzelnen zu.

In Tel Aviv wird Sie im jeminitischen Viertel das Restaurant Zion Exclusivi mit seinen farcierten Gerichten mit Tauben oder Quitten erfreuen; einfacher ißt man bei Gamliel und Zion. Für die mitteleuropäische Küche rate ich zum Restaurant Dan und zum Kispipa. Die rumänische Küche wird Sie durch ihre Grillgerichte auf Holzkohle, ihren Auberginenkaviar und andere Spezialitäten verlocken. In Jaffa sollte man es nicht versäumen, den Nelu le Véritable am Ha Amiti ebenso wie den Roi des Aubergines zu besuchen. Um eine echt polnische Küche zu entdecken, muß man bei Lipski einkehren. Hat man jedoch Lust auf etwas Chinesisches, wird man sein Glück im Singing Bamboo finden, in der Nähe des alten Hafens von Tel Aviv. Die Pizzeria Casa Mia wird einen dank ihres Wirtes Antonio und der neapolitanischen Musik sofort in die Atmosphäre einer echten Trattoria versetzen. Wenn Sie ein wenig Sehnsucht nach Frankreich haben, werden Sie Weinbergschnecken und flambiertes Pfeffersteak im Versailles finden, dessen Küchenchef und Wirt, Jacques Benat, sein Pariser Restaurant in der Avenue Victor-Hugo verlassen hat, um hier Israelis und Franzosen im »Exil« zu bewirten. Um Ihre Lust auf europäische Küche zu befriedigen, gibt es noch Casba am alten Hafen von Tel Aviv und Toutounne in Jaffa. Fische ißt man am besten bei Shaldag und Shuster, und der Kuskus von Shuv Polet lohnt die Fahrt bis nach Natanja, wo es eine hervorragende tunesische Küche gibt.

In Bat Galim, in Haifa, wird das Fischrestaurant Misagag Sie durch seine Lage am Meeresufer anlocken.

Bei einem Aufenthalt in Tiberias genügt es, bis zum Kibbuz Ein Gev vorzustoßen, um dort eine köstliche Friture von Fischen zu genießen. In Galiläa sollte man die amerikanische Farm und Ranch Vered Ha Galil aufsuchen.

In Jerusalem ist es empfehlenswert, zu Alla Gondola, italienisch, Mandarin, chinesisch, Cohen in der Nähe von Mea Schearim oder Finks zu gehen, das eine Auswahl österreichisch-ungarischer Küche und darüber hinaus eine stark besuchte Bar zu bieten hat (aber füllen Sie Ihre Brieftasche). Im Verlauf langer Spaziergänge quer durch die Altstadt kann man die arabische Küche in Costas und in L'Orientale versuchen. Im Relais Hippique, in der Nähe des Flugplatzes von Jerusalem, gibt es eine ausgezeichnete französische Küche.

Da Elath am Ende der Reise liegt, muß man sich zu Yoske begeben; so wie ich ihn kenne, wird er Sie zum Fischfang bekehren.

Ruth Dayan. *Bei den Besuchen bei den Gemeinschaften von Neueinwanderern hat sie den ungeheuren kulturellen Wert der verschiedenen Traditionen erkannt; das hat sie dazu gebracht, Maskit zu gründen und dann zu leiten, einer der Läden, die die Grundlage für die außerordentliche Entwicklung des Handwerks in Israel gebildet haben.*

Tradition und Handwerk

Für den, der das Handwerk liebt, bietet Israel die Eigentümlichkeit, so reiche und vielfältige Stile, Traditionen und Verfahren zu vereinen, daß es schwierig ist, hier einen vollkommenen Überblick zu bieten. Tatsächlich haben wir hier auf der einen Seite das bodenständige Handwerk, mit Verfahren, die zuweilen bis in biblische Zeiten zurückreichen, so das Weben oder das Färben, alte jüdische Gewerbe, und auf der anderen Seite zahlreiche Gemeinschaften, die aus den verschiedensten Himmelsrichtungen kommend ihre Traditionen, ihre Methoden und ihre Stile mitgebracht haben.

Von den individuellen Tätigkeiten, bei denen jeder für sich etwas erzeugte, häufig eher ein Zeitvertreib als eine Einkommensquelle, da es keinen Markt gab, ist man jetzt auf eine mehr gemeinschaftliche handwerkliche Produktion übergegangen, und das gilt vor allem für Stroharbeiten, die Töpfereien der Drusendörfer am Karmel, für das Weben oder die jemenitische Stickerei.

Im Jahr 1940 begann Wizo (Womens International Zionist Organization), die Fabrikation und den Verkauf von Stickerei-, Spitzen- und Lederarbeiten, die von den Frauen hergestellt wurden, zu organisieren. Jedoch erhielt das Handwerk seinen eigentlichen Auftrieb in den fünfziger Jahren, als die Einwanderer aus Ländern des Ostens und aus Nordafrika dank ihrer Gewohnheiten, ihrer Erfahrung und durch ein höheres Angebot an Arbeitskräften eine günstigere Entwicklung der verschiedenen Verfahren ermöglichten. Erwähnen wir hier Teppiche von Gaza, die nach uralten Verfahren gewoben und gefärbt werden, und die dicken Wollteppiche aus den Werkstätten von Nazareth und in den arabischen Dörfern; die von den Jemeniten geschmiedeten Schmuckstücke aus Silberfiligran; die Stickereien der Frauen von Bethlehem aus grobem Silber- oder Goldbrokat, deren Herstellungsweise und Farben sehr eigentümlich sind, die palästinensischen Stickereien aus Gaza mit lebhaft rosa, gelbem und violettem Kreuzstich, und die schwarzen und roten aus Ramle; die marokkanischen Leder- und Kupferarbeiten; die schwarzen Töpferwaren aus Gaza, die dort in unterirdischen Werkstätten nach einem sehr alten Verfahren hergestellt werden; die blauen Gläser von Hebron und das geblasene Glas aus Jerusalem; die Schnitzereien aus Olivenholz ebenso wie die Bearbeitung von Perlmutter, von denen ein großer Teil der Bevölkerung Bethlehems lebt.

Aus allen diesen Stilen ist ein neues Handwerk hervorgegangen, das auf den Bemühungen jener Gemeinschaften beruht, die weiterhin dort arbeiten, wo sie leben, aber ihre Erzeugnisse durch Vermittlung jener Zentralstellen wie Wizo, Maskit und Batsheva verkaufen.

Wizo besitzt einen Laden in Tel Aviv, 87, Allenby Road, einen weiteren in Jerusalem, 34, Jaffa Road, und einen dritten in Haifa, 9, Nordam Street. Maskit, mit einer Filiale in Natanja, und Batsheva haben ihren Sitz in Tel Aviv; Maskit, 32, Ben Yehuda Street, und Batsheva, 9, Frey Street.

Es sei noch erwähnt, daß man zahlreiche Gegenstände oder Kleidungsstücke handwerklicher Herkunft im Souk Hapichpechim in einer orientalischen Umgebung, in Jaffa und in Jerusalem in jenem großen, faszinierenden Basar der Städte des Orients, inmitten der überwölbten Gassen der Altstadt finden kann.

Ori Reisman. *Im Kibbuz Tel Joseph in Ein Harod geboren, studierte er später Malerei in Tel Aviv und in den Beaux-Arts in Paris. Vom 19. Lebensjahr an war er Kibbuznik; seit 1949 lebt er im Kibbuz Kabri und beteiligt sich an zahlreichen Ausstellungen in Israel, Europa und den Vereinigten Staaten.*

Die Kibbuzim

Mit dem Wort Kibbuz verbindet man sofort die Vorstellung von Israel. Seit der Rückkehr der Juden nach Palästina hat sich diese Form der Gemeinschaft als ideal erwiesen; die verschiedenen Richtungen der sozialistischen Ideologie und die politischen Einstellungen verleihen jedem Kibbuz einen anderen Charakter.

Um sechs Uhr morgens beginnt mit den Feldarbeiten der Tag; dort findet der Ankömmling leicht Kontakt mit dem Leben und den Angehörigen des Kollektivs. Nach und nach erhält er das Recht, sich die Arbeit auszusuchen, die ihm am besten zusagt: Schlosserei, Schreinerei, Hauswirtschaft usw. Nach der Siesta wird das Familienleben zwischen fünf und sieben Uhr abends wieder in seine Rechte eingesetzt; dann das Abendessen und die Arbeitssitzungen, die mit Spielen einen voll ausgenutzten Tag abschließen.

Eine auf Gleichheit beruhende kollektivistische Gesellschaft, in der alles der Gemeinschaft unterstellt ist: Besitz, Erziehung der Kinder und Verteilung der Einkünfte, die in die Entwicklung und Verbesserung des Lebensstandards gesteckt werden. Wie jede andere Form der Gesell-

schaft löst der Kibbuz nicht alle Probleme des Individuums; aber er bietet den Ausländern die Verlockung eines gelungenen Experiments, das viele von ihnen zu versuchen wünschen, was sie auf eine der folgenden Arten tun können:
- anläßlich eines Aufenthaltes von zwölf Tagen (für Jugendliche von sechzehn bis fünfundzwanzig Jahren), in denen es auch möglich ist, das Land kennenzulernen;
- im Verlauf von Ferien, die von der Zionistischen Vereinigung durchgeführt werden;
- während eines einjährigen Aufenthaltes, der es gestattet, Glück und Unglück dieser kollektiven Existenz zu erleben;
- durch Vermittlung der Bewegung der zionistischen Jugend, mit dem Ziel, sich zu integrieren.

Genauere Informationen bei den einzelnen Vertretungen der Jewish Agency.

Welchen Kibbuz man auch aufsucht, inmitten einer häufig unerwarteten Vegetation, überkommt einen das Gefühl der Ruhe. Die Kibbuzim, deren Aufgabe landwirtschaftlicher Natur ist, befassen sich auch mit anderen Aufgaben; so besitzen sie Erholungsstätten wie jene von Givat Brenner und Schefajim nördlich von Tel Aviv, Bet Oren in der Nähe von Haifa, Hanita bei Rosch Hanikra, Hagoscherim und Tel Hai in Galiläa und Ginnosar am Ufer des Sees Genezareth.

Arbeiten von Künstlern und Forschern werden begünstigt, und ich persönlich verfüge als Maler und Angehöriger des Kibbuz über die Hälfte der Zeit, die normalerweise der landwirtschaftlichen Arbeit gewidmet wird. Diese Stunden verbringe ich mit Malen oder mit Besuchen von Museen und Galerien.

Der Besuch vieler unserer Museen ist interessant:
- das Kunstmuseum des Kibbuz Ein Harod, das die Arbeiten der Künstler der Kibbuz-Bewegung ausstellt;
- in den Kibbuzim Lohamei Hageitaot und Jad Mordekai die Museen der Überlebenden der Gettokämpfer;
- das vorgeschichtliche Museum von Sha'ar Hagolan, das zahlreiche Entdeckungen am Ort und die der archäologischen Ausgrabungen von Nir David, Ein Gev und Ma'agan Mikhael ausstellt;
- die naturkundlichen Museen wie die von Bet Sturman in Ein Harod und von Bet Ussishkin im Kibbuz Dan;
- die Sammlung orientalischer Kunst und Zentrum für orientalische Studien des Hauses Wilfred Israel im Kibbuz Hazorea.

Dani Karavan. *Von seinem dreizehnten Lebensjahr an befaßte er sich mit künstlerischen Studien. Nach fünf im Kibbuz verbrachten Jahren setzte er seine Studien an der Kunstakademie in Florenz fort, wo er soeben für die Musikfestspiele im Mai das Bühnenbild für Menottis »Konsul« fertiggestellt hat. Als Bildhauer, Maler und Künstler mit vielfältiger Begabung ist er eine der markanten Gestalten der zeitgenössischen Kunst.*

Die zeitgenössische israelische Kunst

Die Kunst in Israel erblüht auf der Straße, in den Gärten, am Ufer des Meeres oder in der Wüste, sichtbares Denkmal für die gemeinschaftliche geistige Erhebung des Landes; es ist eine junge, zeitgenössische Kunst.

In Tel Aviv ist es ein Vergnügen, durch die Gordon Street und die benachbarten Straßen zu schlendern, wo zahlreiche Galerien ständige Ausstellungen unterhalten, so die Galerien Gordon, Mabbat, Hadassa'K und Yodfath. In der Umgebung wird man in Bat Jam, Petach Tikva und Ramat Gan sehr interessante kleine Museen für moderne Kunst entdecken.

In Jaffa arbeiten die Künstler am Tag und stellen am Abend aus; so haben nächtliche Spaziergänge durch die Gassen der Altstadt, in der jeder Maler den Besucher in einer kleinen Bude empfängt, einen besonderen Charme. Mehrere andere kleine Orte ziehen Künstler an sich: so Ein Hod in der Nähe von Haifa (das ein bedeutendes Städtisches Museum besitzt), Jemin Mosche und Ein Karem bei Jerusalem, und Safed, wo die naive Malerei gut vertreten ist.

In den Museen ist eine große Zahl israelischer Werke ausgestellt. Die bedeutendsten sind das sehr moderne Museum von Tel Aviv mit seinem Skulpturengarten und das Israel-Museum in Jerusalem, in dem man unbedingt das Kabinett für Graphik besuchen muß. Im Billy-Rose-Kunst-Garten, auf dem Hügel Neve Sch'anan, wandelt man zwischen Skulpturen aus allen Epochen; im Park des Medizinischen Zentrums der Hadassah erhebt sich die Synagoge, in der man die Fenster von Marc Chagall bewundern kann. Das Museum von Ein Harod, in der Nähe des Sees Genezareth, sammelt außer den Werken der Künstler der Kibbuzim die der jüdischen Künstler in Israel und im Westen.

Die Kunst fügt sich vor allem der Landschaft in den Bauwerken ein, wo Skulptur und Malerei mit der Architektur verschmelzen, wobei sich sehr häufig die abstrakten Züge der modernen Betrachtungsweise mit der Dauerhaftigkeit des alten biblischen Glaubens verbinden. Im Hof des Justizpalastes von Tel Aviv stellt der niedrige Stein eine Schriftrolle dar, in deren Innerem ein Kapitel des Pentateuch niedergeschrieben ist, des älteren Gesetzestextes; das in den Stein in der Mitte des Textes gemeißelte Loch besagt, daß das Gesetz nicht nur in einer Richtung wirkt, es ist eine Art Auge, das den Menschen betrachtet, und in das auch er blicken kann. In Beer-Scheba erinnert das Denkmal für die Brigade Palmach an die Helden, aber durch das Zusammenspiel von Licht, Wasser und Feuer preist es das Leben.

Gary Bertini: *In Rußland geboren, studierte er Kompositionslehre und Dirigieren in Israel, Mailand und schließlich in Paris, wo er insbesondere ein Schüler Arthur Honeggers wurde. Gründer und Leiter des israelischen Kammerorchester und des Rinat-Chors nimmt er im Musikleben Israels eine führende Stelle ein. Er ist einer der Dirigenten des Scottish National Orchestra, des B.B.C. Orchestra und hat in Europa und den Vereinigten Staaten zahlreiche Konzerte und Opern dirigiert.*

Musikalische Darbietungen

In Israel wird der Musikfreund zu jeder Jahreszeit das aktive musikalische Leben eines Landes entdecken, in dem die Teilnahme des Publikums, proportional gesehen, die höchste in der Welt ist.

Zu Ostern Festival von Ein Gev am Ostufer des Sees Genezareth und im Mai christliche sakrale Musik in Abu Gosch.

Von Mitte Juli bis Ende August findet im antiken Rahmen des Amphitheaters von Caesarea, ebenso wie in Jerusalem und Tel Aviv, das Festival Israels statt. Es beteiligen sich die besten israelischen Ensembles und internationale Künstler aus der Musik- und Theaterwelt.

Ende September wirkt Arthur Rubinstein mit dem israelischen Philharmonischen Orchester im Rahmen eines Mini-Festivals mit.

In der Weihnachtszeit ermöglichen es die israelischen Musikwochen, die Werke israelischer Künstler besser kennenzulernen, so die von Oedoen Partos, Mordechai Seter, Ben Zion Orgad, Josef Tal, Noam Sheriff und Tzvi Avni.

Das ganze Jahr hindurch bietet das israelische Philharmonische Orchester seinen fünfunddreißigtausend Abonnenten ein großes symphonisches Repertoire in den größeren Städten, mit Unterstützung internationaler Dirigenten und Künstler.

Das israelische Kammerorchester von Tel Aviv, dessen Konzerten man sogar in den Kibbuzim und Dörfern des Landes beiwohnen kann, gewinnt schnell an immer größerer Bedeutung.

Die israelische Oper von Tel Aviv bietet an sechs Abenden der Woche einen Spielplan mit bekannten Opern. In Jerusalem kann man am Dienstag das öffentliche Konzert besuchen, das das Symphonieorchester des israelischen Rundfunks und Fernsehens gibt.

In Haifa wartet das Symphonieorchester dieser Stadt mit zahlreichen Konzerten auf.

Holon, Ramat Gan und Haifa veranstalten Kammermusikabende.

Ungefähr hundertzwanzig Chöre sorgen in allen Winkeln des Landes für Programme mit westlicher Musik und israelischer Folklore.

Viele anerkannte Talente wurden an den Musikhochschulen von Tel Aviv und Jerusalem ausgebildet.

Über die eigentlich musikalischen Darbietungen hinaus hat sich die israelische choreographische Kunst mit den jeminitischen Balletts Ynbal, den Tanzgruppen Batsheva und Bat Dor (die beiden letzteren dank der Dynamik der Baronin Batsheva de Rothschild) einen Ruf erworben, der gegenwärtig über die Grenzen Israels hinausgeht.

Zu jeder Jahreszeit kann das Publikum, für das die Musik und der Tanz eine wichtige Rolle spielen, die größten Künstler bewundern – so Leonard Bernstein, Isaac Stern, Theresa Stich Randall, Claudio Arrau, Otto Klemperer und Yehudi Menuhin.

Ephraim Tari. *Botschaftsrat und Leiter des Informationsdienstes in der israelischen Botschaft in Paris.*

Bildung und Unterrichtswesen in Israel

Das Unterrichtswesen in Israel verfolgt gleichzeitig drei Ziele:

– Es will der israelischen Gesellschaft ein hohes Niveau von Bildung und Kultur sichern, von universellen Werten ebenso geprägt wie von der jüdischen Tradition. Was den letzten Punkt betrifft, beabsichtigt es, den geistigen Reichtum der achtzig Gemeinschaften, aus denen sich die Nation zusammensetzt, miteinander zu verschmelzen, wobei gleichzeitig der ihnen eigentümliche Charakter respektiert und gefördert wird.

– Sein Ziel ist es, die Niveauunterschiede zwischen den Angehörigen der in Israel aus Bereichen eingetroffenen Gemeinschaften, die nicht nur geographische, sondern weit mehr gesellschaftlich-kulturelle Unterschiede aufweisen, auszugleichen.

– Es bemüht sich, den israelischen Staat jene Stufe der geistigen Entwicklung, der Forschung und technologischen Wissens erreichen zu lassen, die für die Sicherung seiner Entwicklung unabdingbar ist.

Israel ist ein Land, das sich äußerst schnell entwickelt und einem dauernden unbarmherzigen Druck von innen und außen ausgesetzt ist. Die Planung wurde stets erschwert, sowohl durch die Kriege, die zu führen es gezwungen war, als auch durch die unregelmäßige und unvorhersehbare Kurve der Einwanderung. Die Einführung eines Erziehungswesens, das kulturell fortschrittlich und in sozialer Hinsicht gerecht und leistungsfähig ist, wirft besonders heikle Probleme auf. Die bis heute erzielten Ergebnisse sind dennoch äußerst ermutigend, obwohl dies zu keinerlei Nachlassen berechtigt.

In Israel gibt es so gut wie kein Analphabetentum. Mehr als 850000 Schüler, die ein Drittel der Gesamtbevölkerung darstellen, besuchen heute fast 6000 Unterrichtsstätten.

Der Unterricht ist für Kinder zwischen fünf und vierzehn Jahren obligatorisch und kostenlos. Die Schulreform, heute zum Teil verwirklicht und bis 1975 völlig in Kraft, wird die Schulpflicht bis auf das sechzehnte Lebensjahr ausdehnen. Tatsächlich beginnt der Unterricht bereits mit drei Jahren in den privaten oder öffentlichen Kindergärten.

120000 Kinder besuchen zur Zeit die Kindergärten. 600000 gehen in die Grundschulen (diese Zahl entspricht ungefähr der Gesamtbevölkerung Israels bei seiner Gründung). 70000 Jugendliche besuchen die Oberschulen. 50000 Studenten folgen den Vorlesungen der Universitäten von Jerusalem, Tel Aviv, Bar-Ilan, Haifa, Rechovot und Beer-Scheba.

85000 arabische Schüler besuchen 400 öffentliche Schulen und Kindergärten. 30000 von ihnen sind in den von religiösen oder anderen Institutionen subventionierten Privatschulen eingeschrieben. Die israelische Regierung fördert in diesen Institutionen die Entwicklung der arabischen Kultur und Sprache. Der mohammedanische und christliche Religionsunterricht ist selbstverständlich erlaubt.

Unterstreichen wir noch die Bedeutung jenes Erziehungsbereiches, der für die Erwachsenen bestimmt ist. Es handelt sich um Institutionen, die jenen Personen eine höhere Bildung ermöglichen, die infolge der in Israel vorherrschenden besonderen Bedingungen nach längerer Unterbrechung den Weg zur Universität suchen oder erst verspätet zu einer höheren Ausbildung gelangt sind (Literatur, jüdische Studien, hebräische Sprache, Sozialwissenschaften und Fremdsprachen).

Im übrigen haben bis heute mehr als hunderttausend Neueinwanderer Schnellkurse in den »Ulpanim« belegt, wo modernste Methoden für eine schnelle Erlernung des Hebräischen angewendet werden.

Ganz Israel ist tatsächlich eine riesige Arbeitsstelle des Studiums. Unterricht und Kultur sind auf ihr der Zement einer im Kindbett liegenden Gesellschaft und das Ferment eines sich noch entwickelnden Volkes. Sie erstrebt darüber hinaus einen eigenen Charakter, um der Menschheit ihr Bestes zu geben.

Der Student, der nach Israel kommt und einwandern möchte, muß sich an die offizielle Stelle in der 6, Hillil Street, Jerusalem oder an die zuständige Jewish Agency wenden, die ihn beraten und zum Erlernen der hebräischen Sprache einem Ulpan zuweisen wird; sie wird ihm auch helfen, finanzielle Unterstützung für Unterkunft, Verpflegung und Studium zu erhalten. Aber die erste Bedingung für alle ist die Kenntnis der hebräischen Sprache. Um dies zu erreichen gibt es zwei Wege:

1. Der Ulpan des Staates oder einer der 64 Ulpanim des Kibbuz: der Sprachunterricht dauert dort 3 bis 6 Monate. In den Kibbuzim sieht das Programm eine Aufteilung des Tages in Studium und Arbeit vor; dafür wird der Student verpflegt, erhält Unterkunft und ist versichert.

2. das Vorbereitungsjahr auf der Universität.

Der Student, der das Reifezeugnis haben muß, hat dann die Wahl zwischen den verschiedenen Studienstätten:

A. Amtlich anerkannte Hochschulen:
- die Universität Bar-Ilan in Ramat Gan;
- die Hochschule von Haifa;
- die hebräische Universität in Jerusalem;
- das Technion (Technische Hochschule) in Haifa;
- die Universität von Tel Aviv in Ramat Aviv;
- die Universität des Negev in Beer-Scheba;
- das Weizmann-Institut in Rechovot.

B. Akademien und Konservatorien:
- Akademie der Schönen Künste Bezalel in Jerusalem;
- die Musikakademie Samuel Rubin in Jerusalem;
- das israelische Konservatorium Samuel Rubin an der Universität von Tel Aviv.

C. Pädagogische Hochschulen in Jerusalem, Natanja, Beer-Scheba und Givat Washington.

D. Berufsfachschulen.

E. Hochschulen für jüdische Studien.

5 Bibliographie

Geschichte der Hebräer

La Bible. Trad. Edouard Dhorme. Bibl. de la Pléiade. Gallimard. 1956-1959-1971.
Dictionnaire archéologique de la Bible. Fernand Hazan. 1970. *La vie quotidienne des Hébreux au temps de la Bible.* André Chouraqui. Hachette. 1971.

Das alte Israel

Jésus. Coll. Génies et Réalités. Réalités-Hachette. 1971.
Lieux saints, monuments juifs, chrétiens et musulmans de la Terre sainte. Christopher Hollis et Ronald Brownrigg. Hachette. 1971.
Massada, la dernière forteresse. Yigal Yadin. Hachette. 1967.

Das moderne Israel

Israël. David Catarivas. Coll. Petite Planète. Le Seuil. 1957.
Trésors des musées d'Israël. Calmann-Lévy. 1968.
Jérusalem. Théodore Kollek et Moshé Pearlman. Fayard. 1968.
Exodus. Léon Uris. Laffont. 1959.
O Jérusalem. Dominique Lapierre et Larry Collins. Laffont. 1971.
Ben Gurion parle. Stock, 1971.
Mon peuple. Abba Eban. Buchet-Chastel. 1970.
La Civilisation des kibboutz. Clara Malraux. Gonthier, 1964.
Les Enfants du rêve. Bruno Bettelheim. Laffont. 1971.

Weitere Literatur:

30mal Israel. Panoramen der modernen Welt. Willy Guggenheim. R. Piper Verlag, München 1973.
Israel gestern und heute. Dagmar Nick. Gütersloher Verlagshaus G. Mohn 1968.
Das Erlebnis Israel. Ein Reisebericht. Wolfg. Weidlich, Frankfurt/M. 1969.
Israel. Robert Saint John und Redaktion der Time-Life-Bücher. Amsterdam 1968.
Schalom Israel. Tagebuch einer Reise. Gerhard Debus. Gütersloher Verlagshaus G. Mohn, 1967.

In der gleichen Reihe liegt vor:
Moskau und Leningrad erleben
Die Reihe wird fortgesetzt.

Die Fotografien sind von:

Die Fotos auf der Hülle wurden aufgenommen von: Jean-Noel Reichel (Top): Jerusalem, und Eric Lessing (Magnum): Die Ebene von Arava / Atlas Photo: S. 39 links / Bruno Barbey (Magnum: S. 90 / Werner Braun: S. 15, 24, 52, 67, 68, 73 unten, 74, 77, 80, 82 oben, 95, 101 links, 101 unten rechts, 102, 110, 132 / Henri Cartier-Bresson (Magnum): S. 19 links / Jean-Philippe Charbonnier (Top): S. 22 links, 22 rechts, 23 / Daniel Franck: S. 21 / Léonard Freed (Magnum): S. 65 / Gisèle Freund: S. 87, 98–99, 126 oben / Marc Garanger: S. 25 unten rechts, 52 unten, 61 rechts, 83, 84, 117 / Georges Gerster (Rapho): 53, 56, 107 / Louis Goldmann (Rapho): S. 16 unten, 17, 52 oben, 58, 73 links / David Harris: S. 20, 25 oben rechts, 29, 32, 34 links, 34 rechts, 34 unten, 35, 36, 38, 40, 43 links, 43 rechts, 44, 45 rechts, 46 unten, 47 oben links, 47 oben rechts, 47 unten rechts, 48, 54, 55 oben, 55 unten, 60, 63 unten, 72, 75, 82 unten, 88, 89 oben, 89 unten, 92 oben, 92 unten, 93 oben links, 93 oben rechts, 93 unten links, 93 unten rechts, 96, 100, 101 oben rechts, 103, 105, 106, 108 unten, 111, 113 links, 114 oben, 114 unten, 122, 123 oben, 123 unten, 126 Mitte, 127, 128 links, 129, 135, 143 / Hassia: S. 136, 137, 142, 144 links, 144 rechts, 145 links, 145 rechts, 146 links, 146 rechts, 147 / Léon Herschtritt: S. 85 links / Léon Herschtritt (Parimage): S. 65 / Pascal Hinous: S. 108 oben / Israel Government Press Office: S. 13, 33, 49, 128 rechts, 130, 140 / Kay Lawson (Rapho): S. 47 unten links / Charles Lenars: 76 links, 109 / Eric Lessing (Magnum): S. 37, 46 oben, 50, 69, 97, 104, 109, 112, 133 / Bernard Nantet: S. 41, 42, 66, 68 unten, 113 rechts, 116, 121 oben, 121 unten, 126 unten, 141 links, 141 rechts / Léo Nisen: S. 94 links / Parimage: S. 14, 28, 91, 131 / Jean-Noel Reichel (Top): S. 58, 59, 61 oben links, 61 oben rechts, 62, 63 oben links, 63 oben rechts, 63 Mitte links, 63 unten rechts, 64, 70, 71, 74 oben, 78, 81, 85 rechts / David Rubinger: S. 19 rechts, 25 links, 27, 31, 39 rechts, 45 links, 56, 76 rechts, 86, 108 Mitte, 118, 119, 120, 138–139, 143 / David Seymour (Magnum): S. 18, 54 / Spiegel (Rapho): S. 79 / Ph. Stray Myster (Ministerium für Tourismus in Israel): S. 30 / Sabine Weiss (Rapho): S. 16 / Jean-Louis Swiners (Rapho): S. 124–125 / Zafrir: S. 26, 94 rechts / Die Fotos im Anhang sind von J. Agor, R. Gal, O. Garros, S. Harris, B. Sullerot.

1 Tel Aviv und die Nordküste

Tel Aviv und Jaffa S. 4
Caesarea S. 14
Haifa und die Berge
des Karmel S. 16
Die Drusen und die
Samaritaner S. 20
Akko S. 22
Belvoir und Ramle S. 26

2 Galiläa und der Norden des Landes

Galiläa S. 28
Bet She'an S. 30
Safed S. 32
Kefar Kana und der Berg
Tabor S. 34
Nazareth und Dan S. 36
Tiberias und seine Umgebung
S. 38
Banias S. 42
Die Kibbuzim S. 44

3/4 Jerusalem

Die Heilige Stadt S. 50
Das Stadtviertel
Mea Schearim S. 54
Die westliche Mauer S. 56
Das Heilige Grab S. 62
Der Garten Gethsemane S. 66
Die Via Dolorosa S. 68
Der Lithostrotos S. 68
Der Felsendom S. 70
Die Altstadt S. 74
Das moderne Jerusalem S. 78
Der Schrein des Buches S. 80
Die archäologischen
Entdeckungen S. 84
Die Knesset und Hekhal
Chlomo S. 86

5 Judäa und Samaria

Jericho S. 88
Bethlehem S. 92
Sebaste S. 96
Herodion S. 98
Das Tote Meer S. 100
Nebi Musa S. 102
Ein Gedi S. 104
Massada S. 106

6 Der Negev und das Rote Meer

Beer-Scheba S. 108
Beduinen des Negev S. 110
Die Urbarmachung der Wüste
S. 113
Arad S. 118
Ein Bokek S. 118
Die Bergwerke des Königs
Salomo S. 120
Mitspe Ramon S. 120
Elath S. 124

7 Der Sinai

Die Wüste Sinai S. 126
St. Katharinenkloster S. 130
Der brennende Busch S. 138

Karte S. 2
1 Israel und seine Geschichte
S. 143
2 Touristische Ratschläge
S. 147
3 Wissen Sie, daß... S. 149
4 Ratschläge von Israelis
S. 149
5 Bibliographie S. 153

Wir danken dem israelischen Ministerium
für Tourismus, den Persönlichkeiten und sehr zahlreichen
Freunden, die uns in so freundlicher Weise bei der
Zusammenstellung dieses Buches geholfen haben.

Alle Rechte der deutschen Ausgabe beim Verlag der Europäischen Bücherei
H. M. Hieronimi – Bonn
Schriftgestaltung von Umschlag und Einband: Dagmar Dieterich
©1974 Librairie Hachette
Printed in Italy by A. Mondadori – Editore